高校智慧图书馆建设与创新服务发展研究

李雨函 著

吉林摄影出版社

·长春·

图书在版编目(CIP)数据

高校智慧图书馆建设与创新服务发展研究 / 李雨函著. -- 长春：吉林摄影出版社，2023.4
ISBN 978-7-5498-5780-7

Ⅰ.①高… Ⅱ.①李… Ⅲ.①院校图书馆－图书馆服务－研究 Ⅳ.①G258.6

中国国家版本馆 CIP 数据核字(2023)第 069610 号

高校智慧图书馆建设与创新服务发展研究
GAOXIAO ZHIHUI TUSHUGUAN JIANSHE YU CHUANGXIN FUWU FAZHAN YANJIU

著　　　者：李雨函
出 版 人：车　强
责任编辑：岳青霞
开　　　本：787mm×1092mm　1/16
字　　　数：225 千字
印　　　张：9
版　　　次：2023 年 4 月第 1 版
印　　　次：2023 年 4 月第 1 次印刷
出　　　版：吉林摄影出版社
发　　　行：吉林摄影出版社
地　　　址：长春市净月高新技术产业开发区福祉大路 5788 号
邮　　　编：130118
电　　　话：总编办：0431－81629821
发行科：0431－81629829
印　　　刷：北京银祥印刷有限公司

ISBN 978-7-5498-5780-7　　　　定　　价：48.00 元

版权所有　侵权必究

前言

随着"智慧地球"理念的提出,智慧图书馆应运而生,智慧图书馆以物联网和云计算等高新技术为支撑,运用智能设备,实现"书与书、书与人、人与人"的动态连接,让用户体验全新的智慧化服务。智慧图书馆的知识服务区别于传统图书馆文献与信息服务,是集教学、科研、社会管理、文化建设、社会发展等的综合服务。

图书馆是人类知识的存储中心,是每个人终身学习的最佳场所,也是大学教学科研活动的重要保障。智慧图书馆是智慧地球、智慧城市和智慧校园研究的再深入和发展,是将智慧性研究发展到图书馆领域的一项创新。同时,智慧图书馆也是在网络图书馆、虚拟图书馆和数字图书馆的基础上发展而来的,它具有便利性、互联性、高效性等特点,是新技术与图书馆发展的密切融合。智慧图书馆的5个核心要素包括馆员、资源、服务、技术和建筑,它们一起发挥作用,共同诠释智慧图书馆的概念、性质、特点和功能。

本书是高校智慧图书馆建设与创新服务发展研究方向的著作,本书从高校智慧图书馆介绍入手,简要介绍了智慧图书馆的资源建设、智慧图书馆馆员队伍建设等相关内容。另外介绍了高校智慧图书馆服务方式,并对高校智慧图书馆知识服务以及高校智慧图书馆服务创新与发展做了一定的介绍;最后对高校智慧图书馆管理与服务创新的融合发展进行了简单分析。全书结构合理,内容丰富,实用性强,逻辑清晰,力求做到客观实用、语言通俗易懂,可供广大高等院校各类图书馆管理人员阅读。

本书在编写过程中,作者参考了大量书刊与文献资料,主要参考书籍已在参考文献中列出,但疏漏在所难免,在此对参考引用的书刊文献作者表示衷心的感谢。由于作者水平所限,书中若有错误或不妥之处,恳请广大读者批评指正。

目 录

第一章 高校智慧图书馆 …………………………………………………………… 1
第一节 智慧图书馆 …………………………………………………………… 1
第二节 高校智慧图书馆的建设目标和原则 ………………………………… 14
第三节 泛在环境下高校智慧图书馆的框架设计 …………………………… 17

第二章 智慧图书馆的资源建设 …………………………………………………… 25
第一节 智慧图书馆中的信息资源的类型 …………………………………… 25
第二节 智慧图书馆的资源建设策略 ………………………………………… 39

第三章 智慧图书馆馆员队伍建设 ………………………………………………… 49
第一节 智慧馆员的概念与岗位设置 ………………………………………… 49
第二节 智慧馆员的能力构成 ………………………………………………… 55
第三节 智慧馆员培养策略 …………………………………………………… 60

第四章 高校智慧图书馆服务方式 ………………………………………………… 73
第一节 大数据时代高校智慧图书馆服务 …………………………………… 73
第二节 "双一流"背景下高校智慧图书馆服务 …………………………… 75
第三节 "互联网+"背景下高校智慧图书馆服务 ………………………… 79
第四节 高校智慧图书馆服务模式的构建 …………………………………… 82
第五节 四维度模型的高校智慧图书馆服务 ………………………………… 84
第六节 以师生为中心的高校智慧图书馆服务 ……………………………… 89
第七节 教育现代化背景下高校图书馆智慧服务 …………………………… 91

第五章 高校智慧图书馆知识服务 ………………………………………………… 95
第一节 高校智慧图书馆知识服务现状 ……………………………………… 95
第二节 高校智慧图书馆知识服务支撑体系 ………………………………… 101
第三节 高校智慧图书馆的知识服务模式 …………………………………… 108

第六章 高校智慧图书馆服务创新与发展 ………………………………………… 113
第一节 基于媒体融合的高校图书馆智慧服务体系 ………………………… 113
第二节 高校图书馆空间再造与智慧服务融合 ……………………………… 117
第三节 新媒体背景下高校图书馆智慧服务管理 …………………………… 121

第四节　智慧服务环境下高校图书馆读者隐私保护 …………………… 125

第七章　高校智慧图书馆管理与服务创新的融合发展 …………………… 129
　　第一节　"以人为本"管理与服务的融合发展 …………………………… 129
　　第二节　开发图书馆网络信息服务新方法 ……………………………… 132
　　第三节　高校图书馆管理与服务能力提升 ……………………………… 136

参考文献 ………………………………………………………………………… 137

第一章 高校智慧图书馆

第一节 智慧图书馆

想要研究智慧图书馆,首先我们应当了解一下图书馆产生的背景,因为智慧图书馆也具有一般图书馆的性质和特征。1852年建立的曼彻斯特公共图书馆是依照英国议会立法建立的第一个现代意义上的公共图书馆。该馆的建立标志着社会民主意识在一些西方国家日趋成熟。19世纪末期,随着西方科学与文化的传入,图书馆作为欧美各国的一种公益性大众教育机构,开始引起了中国人的注意。20世纪初,以古越藏书楼的建成开放(1902年)为标志,近代意义上的中国图书馆事业开始起步。

智慧图书馆是智慧地球、智慧城市和智慧校园研究再深入和发展,是将智慧性研究发展到图书馆领域的一项创新。本章我们将会初步探讨智慧图书馆,对智慧图书馆的发展沿革、国内外研究现状和智慧图书馆的概念、内涵和意义等要素进行研究,并对随后的其他章节的研究起到承前启后的作用。

一、从网络图书馆、虚拟图书馆、数字图书馆到智慧图书馆

随着20世纪中期计算机的发明,人类逐渐由工业社会进入到信息社会。特别是20世纪90年代互联网的产生和飞速发展,将人类社会由工业文明发展为信息文明。在图书馆界,一些领航者开始进行大胆探索,尝试将计算机技术、网络通信技术等现代信息技术在图书馆中应用,图书馆开始由传统的工作机制和工作模式转变为网络化、自动化、信息化的工作模式。计算机在图书馆中逐渐被广泛应用,卡片式检索被计算机检索、联机检索、网络检索取代,纸本资源如图书和期刊的地位逐渐被网络数据库和数字文献所取代。在此期间,网络图书馆、数字图书馆、虚拟图书馆开始出现和普及,并成为现代化图书馆的代名词。

网络图书馆、数字图书馆、虚拟图书馆三者之间既有联系又有区别,为了对它们进行彻底的研究和辨析,我们需要了解它们的概念、内涵等。

(一)网络图书馆

20世纪90年代以后,图书馆的外部环境和内部需求都发生了极大的变化。先进的计算机技术、多媒体技术、数字化技术和通信技术日益发展,数据库的简历、文献数字化的发展带来更多网络化连接的机会,自由灵活的信息使用代替了以往的固定完整的信息收藏等。在

这种背景下,网络图书馆作为网络环境下资源的一种新的组织形式,作为图书馆界的一种新型合作模式,应运而生,网络图书馆也成为国内外众多专家学者研究的对象。

对于网络图书馆的认识,学术界存在较大争议,可谓仁者见仁,智者见智,主要流行的观点有以下几个。

1. 网络图书馆就是电子图书馆

这种观点认为网络图书馆是虚拟图书馆、电子图书馆、数字图书馆等概念的统称,认为网络图书馆就是利用计算机技术、网络通信技术将数字化的信息进行加工整理和贮存,并依托网络进行传播的一种信息服务机构。与传统图书馆相比,网络图书馆侧重对数字化、网络化的信息的处理和传播,其工作内容和工作方式均与传统图书馆有很大不同。并且,网络图书馆与传统图书馆相比,更容易实现对信息的共享,打破了传统图书馆较为僵化的信息获取模式,因此,又被称为"无墙图书馆"。

2. 网络图书馆其实是图书馆的计算机管理系统

该观点认为网络图书馆并不是图书馆的一个种类,而是由于现实的需要,由图书馆开发的一套为实现信息资源共享和有效传播的网络化管理系统。它在一定程度上拓展了图书馆的功能,并且使图书馆的管理手段和服务方式发生了变革。通过网络图书馆,可以实现网络采购、网上编目、在线借阅、馆际互借和参考咨询等,丰富了图书馆的服务内容和服务手段。

3. 认为网络图书馆是跨地区、跨系统的图书馆联盟

这种观点认为网络图书馆产生和发展的最终目的是为了实现信息资源共享,网络图书馆的本质就是图书馆联盟,是图书馆联盟在网络环境下的组织形式。网络图书馆是基于图书馆联盟合作的深入发展,在自愿和互惠互利的基础上建立起来的图书馆联盟。

关于网络图书馆,我国图书馆学者吴慰慈先生给出的定义为:网络图书馆是指一定范围内若干图书馆以计算机技术、数字化技术、网络技术为基础共同合作组建的,可供用户异地获取图书馆馆藏资源与服务信息资源的网络系统。这是目前学术界比较全面系统概括网络图书馆特征的概念。

(二)虚拟图书馆

最早提出虚拟图书馆这一术语的人是美国人哈利,他当时是大英图书馆外借部计算机与通信工作组负责人,他认为虚拟图书馆指的是一种环境,是一种远程获取图书馆情报资源和服务的行为。

1992年,美国学者卡耶在《虚拟图书馆知识社会与图书馆员》一书里认为虚拟图书馆是利用电子网络远程获取信息与知识的一种手段。他认为虚拟图书馆只是用户获取知识与信息的一种方式,而不是一种图书馆形态。日本学者则认为虚拟图书馆是一种知识管理实体。通过远程通信技术将图书馆拥有的信息资源与外部世界范围的信息有机结合,促进快速和有效地利用信息。

国内学者也对虚拟图书馆做了较多的研究,如武汉大学黄宗忠教授认为虚拟图书馆是虚拟现实技术在图书馆的应用,是一个跨地区、跨国家的信息空间,而不是一个物理存储的图书馆;北京大学的吴慰慈教授则认为虚拟图书馆就是虚拟化的图书馆镜像,它以信息资源的数字化存储和网络化传递为基础,是实现信息资源共享的"大公共图书馆""无墙图书馆""全球图书馆"。

虚拟图书馆中"虚拟"一词源于计算机技术,是指用计算机来虚拟现实世界中的客观事物和环境,所造出和现实事物极其相似的镜像。计算机技术、网络技术的发展使图书馆利用信息技术在网络上开展工作和服务成为可能,而网络上的图书馆是现实中的图书馆在网络上的镜像,因此,虚拟图书馆也就是图书馆在网络中的镜像。通过网络实现与跨地区、跨系统甚至跨国的图书馆连为一体,而其他图书馆的馆藏资源也成了虚拟图书馆的虚拟馆藏资源,它依托本馆馆藏资源和其他馆馆藏资源为用户提供服务。

(三)数字图书馆

1993年,美国克林顿政府提出的信息高速公路计划中,将数字图书馆规划作为"试点"建设的重要项目。1994年,美国国家科学基金会等单位正式实施的一项"数字图书馆创始计划"中,首先提出了数字图书馆的概念。同样在得克萨斯又召开了国际数字图书馆会议。同年9月,美国国家科学基金会、美国国防部高级研究计划署、美国国家航空与太空总署联合发起了"数字图书馆创始工程"。1997年,美国国家科学基金会赞助的专题讨论会上认为:"数字图书馆"的概念不仅仅是一个有着信息管理工具的数字收藏的等价词,更是一个环境,它将收藏、服务和人带到一起以支持数据、信息乃至知识的全部流程,包括从创造、传播、使用到保存的全过程。

数字图书馆的研究者将数字图书馆的定义分为两类。

第一类观点是从技术和数字存储空间的角度来对其进行定义,这种观点认为数字图书馆应该更突出"库"的概念,即数字图书馆是一个数字化的信息资源库,它是为国家信息基础设施建设提供关键性的信息管理技术,同时提供主要的信息源和资源库的数字化仓储空间。这一类观点的代表性定义有:①数字图书馆是一个分布式的信息环境,其相关技术使得创建、传播、处理、存储、整合和利用信息的困难大幅降低。②美国研究图书馆协会(ARL)给数字图书馆的定义是:数字图书馆不是一个单一的实体;数字图书馆是把许多地方的资源连接在一起的技术;众多数字图书馆和信息服务的连接对最终用户应是透明的;数字图书馆的目标是让广大用户最大限度地获取信息、得到信息服务;数字图书馆的馆藏不应局限于原件的替代品,还应包括无法用印刷方式表现或传递的实物,并将其数字化。③美国"数字图书馆创始计划"提出:数字图书馆不仅仅是数字馆藏及管理工具的集合,而应包括信息、数据和知识在整个创建、发布、利用、存储等生命周期内的所有活动。④数字图书馆是一个数字化的信息系统,它将分散于不同载体、不同地理位置的信息资源以数字化方式存储,网络化方式互互联接,提供即时利用,实现资源共享。

第二类观点将重心放在"图书馆"上,认为数字图书馆就是运用当代信息技术,对数字信息资源进行采集、整理和储存,并向所有连接网络的用户提供,为一定的社会政治、经济服务的文化教育机构以及这种机构的组合。代表性定义有:①数字图书馆是采用现代高新技术所支持的数字信息系统,是下一代因特网网上信息资源管理模式,它将从根本上改变目前因特网因规模庞大而不便使用的现状。这一概念说明数字图书馆是超大规模的、分布式的、便于使用的、没有时空限制的、是跨无缝连接与智能检索的知识中心。②所谓数字图书馆,是指运用计算机技术、网络技术、通信技术、数据库技术和多媒体技术等多种信息技术及其设备,对不同类型、不同载体、不同形式的各种文献信息资源进行搜集、选择和规范化处理,使之以数字化的方式和多媒体的形式存储,建立分布式的馆藏信息资源库和虚拟馆藏信息资源库,并通过各种局域网、广域网和因特网,向世界各地所有连接因特网的用户提供信息服务的数字化和网络化的信息系统。第二类观点是图书馆界比较认可的观点。

关于数字图书馆的类型,加利福尼亚大学信息管理和信息系统学校的 Peter Lyman 将数字图书馆分为 4 个类型:①数字图书馆,包括多种媒体介质的数字化馆藏,它由图书馆馆员来组织管理。数字化馆藏包括印本资源的数字化和各类型数据库。②新生的纯数字图书馆,这种类型的数字图书馆从建立之初便以数字形式创造和存储各类文献。③数据图书馆,数据图书馆不但存储图书馆活动本身产生的各类数据,即用户、图书馆员和图书馆专业设备所产生的数据,也存储图书馆外部产生的数据,如各类传感器、气象卫星、智能化设备、经济活动、科学研究等所产生的数据。④数据通信,这种类型的图书馆包括一组数字通信的电子文件,如环球网、电子邮件和用户组,还包括数字电视、网络视频、数字电话和数字广播等。

哈佛大学商学院教授克莱顿·克里斯滕森提出了"破坏性技术"(Disruptive Technologies)概念,泛指那些有助于创造新价值、开辟新市场,而且逐步或者迅速地颠覆原有的市场格局、取代原有技术的新技术。从 21 世纪开始,以信息技术、自动化技术、智能技术等为代表的高新技术的飞速发展对原有的社会经济结构和模式造成了"颠覆性影响"。在世界范围内,大部分的产业发生了深刻变革,这既对传统的产业造成了危机,又带来了一定的机遇。作为传统的信息服务机构的图书馆,也在一定程度上受到了破坏性技术的冲击,如图书馆查询信息的功能被一些搜索引擎冲击,图书馆的馆藏图书和期刊被存储电子化、数字化文献和信息资源的数据库所影响,参考咨询服务被社交网站、百科类网站和问答式的网站所冲击等。

数字图书馆面临着来自多方面的挑战,这里的多方面,既包括来自技术的挑战,也包括来自外部相关机构的挑战。如目前学术数字资源建设发展迅猛,中国知网资源建设已由中国期刊论文逐步拓展到国内外期刊论文、会议论文、学位论文、重要报纸文章、专利、标准等,在图书资源方面,也收录大量图书,不仅提供年鉴、工具书的查询服务,最近还建立了教辅平台。目前,一些资源建设商所拥有的非图书资源是国内绝大多数图书馆都无法比拟的。我国大多数高校图书馆已经离不开这些资源建设商提供的学术资源服务了。超星图书馆,主要提供数字化的图书资源,该数字图书馆包括文学、经济、计算机等50余大类,拥有数百万册电子图书,500多万篇学术论文,全文总量超13亿页,已经达到一个大型图书馆的藏书规模,假以时日,将会超过目前我国绝大多数图书馆的藏书。另外,该数字图书馆还收藏了近20万集的学术视频,这些收藏对我国传统数字图书馆形成了很大的冲击。此外,一些搜索引擎均设置了学术搜索,并开始涉足学术出版领域,这些都在不同程度上对数字图书馆产生影响。

在技术方面,大数据技术、云计算技术、语义技术、数据挖掘技术、RFID技术、跨平台检索技术等都对数字图书馆造成了一定的冲击,用户的需求随着新技术的发展而不断提高,人们不再满足于以前的信息获取模式,泛在化的、个性化的、智能化的信息服务被越来越多的用户所青睐,并逐渐成为评价图书馆服务好坏的一个重要标准。当然,信息技术在给数字图书馆带来了挑战的同时,也给它带来了发展机遇,因此,数字图书馆可以将这些技术运用到工作和服务中去。数字图书馆所遇到的问题和其所获得的机遇,预示着数字图书馆的整体结构和工作、服务模式必然要有所变革,这就为智慧图书馆的产生和发展提供了前提条件。

二、智慧图书馆

1995年,比尔·盖茨在《未来之路》一书中率先提出了物物互联的雏形。1999年,物联网的概念被正式提出并迅速波及全球。而以物物互联的智能技术为信息基础的智慧城市(Smart City)则是20世纪末特别是21世纪初以来在全球展开的未来城市发展的新理念和新实践。

随着物联网技术的发展,特别是智慧地球、智慧城市、智慧校园的概念提出与发展,作为它们的组成部门,一些更多的"智慧单元"被提出并被尝试和发展,如智慧交通、智慧政府、智慧商业、智慧工业等在很多城市得到发展壮大。智慧图书馆,既作为一个主体的一部分(如大部分的图书馆位于城市,学校图书馆隶属于校园的一部分等)存在,又是一个独立的单位和个体,在智慧地球这一概念提出之后被广大图书馆学者提出,并丰富和完善。

由于智能图书馆的研究仅限于建筑和技术等领域,智能图书馆的其他重要组成部分如软件、服务、高素质馆员等领域却少有研究,这反映了智能图书馆并不能解决所有问题,图书馆界迫切需要一种更新的理念和模式来实现图书馆的变革。

(一)智慧图书馆的背景和研究现状

"智慧图书馆"的理念和实践率先出现在欧美的大学图书馆、公共图书馆和博物馆中。2003年前后,芬兰奥卢大学图书馆提供的一项新服务称为"Smart Library(智慧图书馆)",这一服务隶属于"Rotuaari project"项目。芬兰奥卢大学图书馆的学者发表了题为《智慧图书馆:基于位置感知的移动图书馆服务》的会议论文,指出 Smart Library 是一个不受空间限制的、可被感知的移动图书馆服务,它可以帮助用户找到所需图书和相关资料。与此同时,澳大利亚昆士兰州也曾探讨了智慧图书馆与智慧社区建筑的关系问题。其实早在 2004 年之前,加拿大首都渥太华的一些图书馆和博物馆以及多所大学和公共图书馆就已经建立起了以"Smart Library"命名的联盟,利用同一个搜索引擎为读者提供一站式服务。2004 年,米勒等学者在国际会议上发表了有关智慧图书馆的研究报告,题为《智慧图书馆:强调科学计算的图书馆的 SQE 最佳实践》。米勒等认为智慧图书馆是指运用大量软件质量工程(Software Quality Engineering,SQE)的实践,力图使用户和开发人员避免犯各类错误,包括使用、配置、安装中的错误,以及因应用程度的变化而导致的绩效下降或死锁等方面的错误。可见,世界图书馆界关于智慧图书馆的研究已从技术趋向了服务与管理以及社区的建设,体现出智慧图书馆的本质追求。

2005 年以来,我国图书馆界也开始从智能图书馆的研究深入到智慧图书馆的研究与实践,如上海图书馆率先开展了手机图书馆的移动服务,2010 年,严栋发表了《基于物联网的智慧图书馆》一文,他认为智慧图书馆就是以一种更智慧的方法,通过利用新一代信息技术来改变用户和图书馆系统信息资源相互交互的方式,以便提高交互的明确性、灵活性和响应速度,从而实现智慧化服务和管理的图书馆模式。2011 年,董晓霞等发表了《智慧图书馆的定义、设计以及实现》一文,认为智慧图书馆综合了感知智慧化和数字图书馆服务智慧化。自 2011 年起,上海社会科学院信息研究所的王世伟先后发表了《未来图书馆的新模式——智慧图书馆》《论智慧图书馆的三大特点》《再论智慧图书馆》3 篇文章,对智慧图书馆的概念、内涵和特点进行了较为深入的阐述。

2015 年以来,智慧图书馆的研究取得了很大的进步,无论是从事研究的学者数量、发表论文情况或者是文章被引用情况等都有了较大的提升。而且研究的主题范围更加广泛,研究内容更加深入和具体。如龚娅君在《智慧图书馆公共文化服务平台建设研究》一文中探讨构建由"智慧社区系统""智慧经济系统"和"智慧学习系统"组成的公共文化服务综合平台,支持城市智慧社区、智慧经济、智慧学习的建设与发展,为市民提供更精细更智能的体验。曾子明、金鹏在《智慧图书馆个性化推荐服务体系及模式研究》中分析了个性化推荐在图书馆中的智慧化服务需求,构建了基于泛在智慧服务的智慧图书馆个性化知识推荐服务体系,并探讨了体系架构组成及智慧推荐服务的保障模式,即由用户交互层、智慧服务层、个性化推荐层、知识存储层、传输感知层等组成的智慧图书馆服务保障系统。曾子明、陈贝贝在《融合情境的智慧图书馆个性化服务研究》中从智慧图书馆的概念和特点出发,提出了融合情境感知的智慧图书馆个性化服务模型,分析了该服务模式构建方法,探讨了将情境感知运用于智慧图书馆存在的问题,主要包括用户隐私问题和数据安全问题等。凌征强、黄辉在《基于智能家居的智慧图书馆数据层建设》中研究了大型信息技术企业的智能家居发展现状,探讨智能家居数据中心管理系统及其主要特点,针对智慧图书馆存在的大数据处理能力欠缺及区域数据智慧化功能不完善等问题,提出了学习借鉴大型信息技术企业的智能家居数据层设计经验,通过建设智慧图书馆数据中心、制定跨平台数据通信标准、开发数据中心管理系统及区域数据子系统等措施,推进智慧图书馆数据层建设的策略。此外,李后卿、董富国、侯松霞、张晴、陆妍、陆素梅、姜永英等学者分别从智慧图书馆的服务、顶层设计和馆员队伍建设等不同层面对智慧图书馆进行了研究。这些学者的研究不但从理论层面丰富完善了智慧图书馆,而且还进行了实践层面的规划和设计,为智慧图书馆的建设提供了丰富的研究资料。

(二)智慧图书馆的概念

关于智慧图书馆的概念,国内学者目前还没有统一的定义,他们从各自的研究出发,分别给出了不同的定义。如,从智能建筑的角度来看,智慧图书馆是把智能技术运用在图书馆建设之中形成的一种现代化建筑,是智能建筑与高度自动化管理的数字图书馆的有机结合和创新。从感知计算的角度来看,智慧图书馆=图书馆+物联网+云计算+智慧化设备,通过物联网来实现智慧化的服务和管理。从数字图书馆服务的角度来看,充分利用ICT(Information Communications Technology,信息通信技术)技术,不仅可能实现各种信息的电算化,还可远程进行阅览图书等资料、预约座位等操作的数字图书馆。

严栋是国内较早给智慧图书馆下定义的学者,他认为智慧图书馆(Smart Library)就是以一种更智慧的方法,通过利用新一代信息技术来改变用户和图书馆系统信息资源相互交互的方式,以便提高交互的明确性、灵活性和响应速度,从而实现智慧化服务和管理的图书馆模式。

王世伟认为智慧图书馆是以数字化、网络化、智能化的信息技术为基础,以互联、高效、便利为主要特征,以绿色发展和数字惠民为本质追求,是现代图书馆科学发展的理念与实践。

韩丽认为智慧图书馆是指通过物联网等智能感知技术,为用户提供智慧化服务和管理的一种数字图书馆的高级发展形态。它是数字图书馆发展到一定阶段的产物,是物联网技术在数字图书馆广泛应用的集中体现,也是数字图书馆发展的最终目标。它既具有传统数字图书馆的功能,又具有其鲜明的智能化特征。在智慧图书馆的智能空间中,计算与信息将融入人们的生活空间,将从根本上改变人们对图书馆的认识。在任何时间、任何场所,人们都能像呼吸一样自如地访问信息并获得智慧化服务。智慧图书馆将"主动"地服务于用户,以实现用户之间、用户与图书馆之间、用户与信息资源之间以及信息资源之间的通信,实现真正意义上的无人值守的智慧化服务和管理,实现 7×24 小时的泛在化服务。

马然对智慧图书馆的定义为:智慧图书馆是利用物联网技术将图书馆建筑、设备、文献资源、用户等各个元素相连接构成图书馆物联网,借此实时主动地获取相关感知数据,并在对感知数据进行分析和处理的基础上，为图书馆工作人员提供一个智慧化的管理平台，为用户提供一个无处不在的智慧化服务环境。无论智慧图书馆的概念怎样完善，都离不开两个本质：一是以物联网为基础，二是管理与服务的智慧化。随着物联网技术在图书馆应用的深入、扩展以及技术本身的不断成长，智慧图书馆也必然是不断成长的。而以物联网为基础的智慧图书馆则是一个建筑智慧化、资源智慧化、管理智慧化、通信智慧化的结合体，其"智慧"总是以人为本、为服务而生。

这些定义在一定程度上丰富和完善了智慧图书馆的理论基础，但它们大部分集中在智能技术、智慧服务以及智能建筑领域，具有一定的局限性。本文认为，智慧图书馆是以高质量的信息资源为核心，通过高素质馆员的支撑与用户的协同感知，借助高科技手段和智慧化建筑，实现对数字图书馆和个性化的信息、知识服务的提升和推动，它是数字图书馆发展的更高级阶段，是集资源、技术、人才、服务、建筑为一体的智慧化集合体。

(三)智慧图书馆的特点

智慧图书馆的特点与其概念是分不开的，智慧图书馆所依附的数字化、网络化、智能化也为智慧图书馆的特点打上了深深的烙印。综合国内学者的观点，本文认为，智慧图书馆主要有便利、互联和高效3个特点。

1. 智慧图书馆具有便利性

智慧图书馆通过互联互通的网络，给馆员管理图书馆、用户使用图书馆以及馆员和用户的学习和生活带来了巨大的变化。

(1)便利性体现在智慧图书馆的无线泛在

2001年，韩国首尔提出了泛在城市计划，以构建城市内随时随地网络接入和服务接入的城市信息环境；2004年，美国费城市政府在世界上第一个提出"无线费城"规划，以实现城市内宽带无线网络覆盖。泛在城市和无线城市给无线泛在的图书馆创造了良好的信息环境，而中国的电信事业发展也为智慧图书馆的发展提供了保障。根据工信部披露的数据显示，截至2015年底，全国4G用户总数达3.86亿户。电信业的飞速发展也对我国城乡居民的工作和生活产生了深远影响，移动支付、新一代电子商务、新媒体、生活娱乐、泛在式的信息服务等被越来越多的人使用，给人们带来的变化几乎深入各个领域。而通过利用有线和无线网络，可以使图书馆真正实现泛在化，用户可以在手机和PAD等移动终端上使用图书馆进行借阅图书、阅读文献、点座位、与同学交流经验和使用视听资源等活动。

(2)便利性体现在对智慧图书馆的一体化使用

智慧图书馆的精髓就是以人为本，以用户为中心，一切从用户的角度出发来提供服务。智慧图书馆的一体化使用既体现在用户可以到图书馆来，利用物理的图书馆，包括各种设备工具来满足其需求，如借阅、参考咨询、知识共享、小组讨论、丰富课余文化生活的视听活动等。同时，智慧图书馆的一体化还体现在它的另一个形态——移动图书馆，用户可以在手机或PAD等终端设备上无障碍、便捷地使用智慧图书馆。国内的一些大的公共图书馆在移动图书馆上走在了前列。例如,上海图书馆的手机图书馆自2003年策划,2004年试点,2005年正式推出以来,2007年和2012年又先后进行了功能提升,实现了"上图信息、书目检索、读者服务、微博分享、移动阅读、你问我答和分馆导航"等多项功能的整合。重庆图书馆的手机图书馆功能也包括了丰富的内容,如书目查询、我的图书馆、重图新闻、重图电子书、入馆指南、读者互动、阅读通、讲座预告、使用说明等。中国国家图书馆的"掌上国图"则以其独特丰富的内容形成了服务的特色。移动通信在图书馆中的广泛应用,使21世纪初提出的"我的图书馆"的创新理念真正落到了实处。

(3)便利性还体现在智慧图书馆的个性化程度更高

进入21世纪以来,世界各地的图书馆的服务理念都发生了深刻变革,尤其是在我国,从以管理为中心到以服务为中心,从以前的被动服务到现在提倡主动服务,从重视资源建设和馆藏建设到服务与建设并重,从提供固化的、程式化的服务到提供专业的、个性化的服务。可以明显看到的是,智慧图书馆比以往的图书馆理念的个性化服务意识有了质的飞跃,同时,智慧图书馆也强调与用户互动,它提供的服务是智慧化的、交互性强的个性化服务。

2. 智慧图书馆具有互联性

智慧图书馆的技术具有数字化、网络化和智慧化的特点,智慧图书馆的互联性体现在3个方面,即全面感知、立体互联和深度协同。

(1)智慧图书馆的互联性体现在智慧图书馆是全面感知的图书馆

是全面感知的图书馆智慧图书馆通过各种传感器,使图书馆有了"皮肤",可以感觉到外部的变化。将传感器部署在设备终端或馆内一些需要感知的环境中,可以获取想要得到的数据。例如,温湿度传感器可以用于对机房的监控和预警、射频识别感应系统可用于图书和文献的感知等。目前通过物联网连接的传感器涉及范围非常广泛,包括:手机、电脑、射频识别装置、红外感应器、全球定位系统、激光扫描器等。例如,美国华盛顿州西雅图市图书馆在多媒体文献全面感知的基础上实现了读者服务的实时数据显示管理,图书、DVD、CD等各类文献的读者实时服务数据通过大屏幕的分类显示一目了然。挪威国家图书馆的汽车图书馆也是在信息全面互联感知基础上实现了汽车图书馆内外人的互动以及文献借阅和音乐欣赏等多样化服务。

(2)智慧图书馆的互联性体现在智慧图书馆是立体互联的图书馆

立体互联即全面的互联,包括图书馆物理空间的互联,楼与楼之间、层与层之间、区域与区域之间、房间与房间之间、桌与桌之间、计算机与计算机之间、屏幕与屏幕之间、馆藏与借阅之间等的互联,以及网络与网络之间、馆与馆之间、书库与书库之间、图书与图书之间、人与物之间等的互联;图书馆服务主体馆员之间、服务客体读者之间的互联,主体馆员与客体读者间的人与人、人与机器的互联、三网融合(电信网、广播电视网、互联网)的互联;图书馆跨行业、跨部门、跨城区甚或跨国界的互联。这些主体的立体式互联使得图书馆成为一个有机融合的整体，从而保证了图书馆服务的深度和质量。

(3) 智慧图书馆的互联性体现在智慧图书馆是深度协同的图书馆

智慧图书馆的深度协同体现在馆员与设备工具的协同、馆员与用户的协同、用户与设备工具的协同、信息技术与所有智慧图书馆主体的协同，以及图书馆与其他馆或信息机构的协同。现代社会，图书馆的信息共享尤为重要，它不但能使各馆之间互通有无，而且能够提高资源使用效率，使图书馆的作用最大化。而这些协同的实现必须要有一定的机制，用以规范协同系统内各组成单元的关系，同时维持协同系统的正常运转。例如，在各图书馆之间可以创建个人诚信信息系统，各个图书馆读者的诚信记录可以实现同城联网、全省联网乃至全国联网，这就需要运用智慧图书馆建设的协同理念，在信息技术的支持下创建图书馆诚信协同机制，并逐步建立起图书馆读者诚信网。

3. 智慧图书馆具有高效性

智慧图书馆的高效性不但体现在管理的高效，还体现在服务的高效和资源配置的高效上。

(1) 智慧图书馆是高效管理的图书馆

"图书馆管理"，是指图书馆的主管者，通过计划、决策、组织、领导、控制和创新等职能来协调工作人员的行为，以达到图书馆预期目标的活动过程。智慧图书馆就是要使管理科学化，使馆内各组成部分高效运转，如促进设备工具的高效使用，提高馆员的工作效率，提高管理者决策效率，提高图书馆整体的创新能力。高效的管理就是要提高图书馆反应的即时性和适时性，使图书馆复杂的神经系统在面临千变万化的动态发展情况下能够做到"耳聪目明"并快速反应，可以提高图书馆管理的灵敏度。例如，通过智能技术的物联网，可以实时监控电梯运行，让每台电梯自己成为"安全员"，使电梯运行故障及时得到发现并处置。

(2) 智慧图书馆是高效服务的图书馆

在现代社会，用户的服务需求越来越向着高、精、深方向发展，对图书馆的要求也越来越高。智慧图书馆的高效服务，一方面体现在馆员根据用户的服务需求，通过现代化的技术手段，提供最符合要求的信息资源，必要时还要根据用户深层次的需求提供更专业的服务，如情报服务、知识服务等。另一方面体现在图书馆要形成一个集群，利用整体的力量来满足用户个性化的服务需求。例如，"同城一卡通"是21世纪以来图书馆整合集群的典型案例，这种突破行政区划和城市中的分级财政而实现的跨区域的全城(乡)一卡通，使图书馆公共文化服务体系实现了质的飞跃，使原本一个个独立的图书馆资源整合为集群共享的图书馆，使图书馆的设施资源、文献资源以及人力资源的效能走向了最优化。

(3) 智慧图书馆是资源优化配置的图书馆

绿色发展是当今时代的主题，也是智慧图书馆的灵魂。图书馆的资源优化配置的核心就是提倡图书馆的绿色发展,而低碳环保又是图书馆绿色发展的核心。这就需要馆员转变工作方式,提高绿色发展理念,从点滴做起。例如,2011年12月,上海交通大学图书馆与美国国家仪器公司合作,针对传统中央空调忽冷忽热的现象,发动大学生共同设计了国内首个高校图书馆室内"环境监测与节能系统",通过对空气温度的区域即时感应做出相应的温度调控,体现出智慧图书馆在节能低碳发展中的理念创新与实践创新。再如,现今高校图书馆的占座系统大部分已实现无纸化运行,即取消小票机占座,通过电子选座系统来实现占座,节约了纸张的同时也提高了占座的效率。

(四)智慧图书馆的功能

智慧图书馆的功能,是与智慧图书馆的定义和特点密不可分的。智慧图书馆的功能,主要分为几个方面:一是图书馆管理的功能,智慧图书馆能提供一种全新的智慧化的管理模式;二是图书馆的服务功能,智慧图书馆的服务模式是智能化、泛在化和个性化的;三是图书馆的空间的智慧化,智慧化的馆舍空间是智慧图书馆必要的物理承载。

1. 智慧图书馆的"智慧管理"功能

"物联网(Internet of Things)是指通过射频识别技术、传感器技术、智能嵌入技术、全球定位系统、激光扫描器等信息设备,按约定协议将任何物品与互联网连接以进行物品标识、感知信息处理、交换和通信,实现对物品及物物之间智能化识别、定位、跟踪、监控和管理的一种网络"。简单地说,物联网就是"物与物互联的网络"或叫"物体的互联网"。智慧图书馆的智慧管理功能主要是通过物联网实现的,智慧管理又分为对人的管理、对图书的管理、对资产的管理等方面。

(1)对人的智慧管理

包括对图书馆馆员的管理和对用户的管理,对人员的管理主要是通过身份识别技术来管理。例如,图书馆馆员和用户均需要办理一张存有个人信息的一卡通卡片(卡片也可以内置到手机中)。此卡集多种功能为一体,如图书馆借阅及占座、校园消费、教学楼和宿舍门禁系统等。图书馆在门禁处安装感应器或接收器,此装置与校园卡管理系统和图书馆管理系统相连接,馆员或用户需携带一卡通卡片(或有内置一卡通信息的手机)靠近门禁处,接收器就会自动识别并开启门禁,同时系统会记录人员信息情况,并将数据传送到图书馆管理系统中。图书馆管理系统可以自动生成进出馆人员信息报表,并统计出各类人员每天进出馆的次数和具体时间。由于在馆中装有足够数量的接收器,各类人员进出馆和在馆中的流动情况可以很方便地从系统中查出。此系统非常便于对图书馆人员的管理,并可积累详细数据以供图书馆管理层和馆员使用。

(2)对图书的智慧管理

对图书的智慧管理主要依靠植入芯片技术和RFID(无线射频识别技术)来实现。例如,以往图书都是依据图书馆分类法,依靠人工来进行分类排架、查找等管理工作,由于高校师生人数较多,用户借阅图书量大,所以图书馆员每天或很低的频次就需要对书架进行整理,这对图书借阅部门的馆员来说是一项比较重的负担,同时也使得图书流通效率降低。而依靠芯片技术和 RFID 技术,图书馆馆员可以将来自不同出版社的图书的基本信息植入到芯片中,通过此芯片可以进行智能化管理。同时此项技术可以带来很大便利:一是植入芯片可以省去繁杂的图书信息编辑工作;二是清点图书也变得非常简单,只需要用扫描设备在书架上依次扫过,所有书目信息一目了然,通过此项技术,以往需要相当长时间的清点工作,现在只需很短时间就能完成;三是方便用户查找所需书籍,以往用户借阅图书需要先查该书的检索书号,再去相应的书架去找书,利用 RFID 技术,用户可以手持扫描设备很快找到所需的图书;四是图书馆馆员和用户可以便捷地查询相关书籍的基础信息、馆藏书目数据、借阅数据及图书当前所在书架的具体位置;五是方便馆员顺架和将图书归位,开放式借阅使得图书的顺序比较混乱,馆员需定期对书架进行整理,"在智慧图书馆中只需在阅读器中输入要检查的号码段或要找的书名等,然后沿着书架依次扫描,一旦发现排架错误或找到所要的书刊时,立刻声光报警,这使得查找工作变得非常方便,而且能显著降低错架乱架率。在不影响正常工作下,完成顺架工作,减少失误,大大提高书刊整架归位的速度"。

(3)对资产的智慧管理

图书馆资产多、门类杂,管理难度大,在以前图书馆资产流失情况偶有发生。如果将图书馆资产都植入芯片,并在门禁处设置电子识别器,依靠管理系统,可以防止图书馆资产的流失,如果再加上网络视频监控系统,图书馆就可以有效管控国有资产,防止图书馆的固定资产和图书的流失。

2. 智慧图书馆的智慧服务功能

智慧图书馆的智慧服务又分为一般性服务和深度服务,一般性服务是指图书馆的基础服务,如借还书服务、空间服务(教师和学生利用图书馆空间来学习和研讨等)等;深度服务是指图书馆馆员利用所学的专业知识,结合用户的需求提供的更深层次服务,一般包括知识服务、高级参考咨询服务和情报服务等。智慧图书馆的深度服务功能将会在下面的章节详细描述,在此仅探讨智慧图书馆的一般性服务功能。

智慧服务的一般性服务包括借还书服务和空间服务。

(1)智慧性的借还书服务

传统的图书借还服务主要依靠人工来完成,即读者到借阅部门借书或还书。通过智慧图书馆,可以实现自助借还图书。例如,通过自助借还系统,读者将自己的借书证和需借阅的图书放在自助借还机相应的感应区上,系统就会进行自动识别和扫描处理,通过与图书馆自动化借阅系统连接,确认后即完成借书。与借书系统一样,读者也可自主还书,操作完成后打印还书凭条,系统自动获取馆藏信息,通知中心系统更新图书信息及读者信息。"采用自助借还机可以实现多本图书同时进行借还操作的功能,而且 24 小时不间断服务,从而增进流通速率,简化借阅流程,方便了读者,减少了工作人员的工作量,进而提升图书馆的工作效率和服务品质"。

(2)智慧性的空间服务

空间服务主要集中于图书馆的阅览室和部分图书馆设有的自习室,对于图书馆空间的管理主要依靠引入智能占座系统。例如,某智能占座系统的操作过程:读者只要将智能卡放在刷卡区,屏幕上便会跳出"常坐座位"和"本次选位"两个选项。选好座位后,如果需要打印,机器便打印出一张标明座位代码、所在位置、学生卡卡号等的座位票。学生离馆时,再重新刷卡,如果选择"暂离",系统会保留座位45分钟(可设定)。如果选"本次离开",系统将自动释放该座位。近两年来,随着4G网络的发展,图书馆占座系统也可以实现手机操作功能,用户利用手机可以实现在终端机上的所有操作,足不出户便可以实现选座功能,同时,此系统还可以自行设置规则,防止出现漏洞或其他不符合规范的行为。在方便了图书馆管理的同时又最大程度的便利了用户使用图书馆空间。

3. 智慧图书馆的空间智慧化

智慧化空间就是图书馆利用技术手段和设备来管理空间,以达到空间最优效果。智慧图书馆的空间智慧化核心是智能楼宇系统在智慧图书馆中的应用。何谓智能楼宇?日本电机工业协会楼宇智能化分会把智能化楼宇定义为:综合计算机、信息通信等方面的最先进技术,使建筑物内的电力、空调、照明、防灾、防盗、运输设备等协调工作,实现建筑物自动化(BA)、通信自动化(CA)、办公自动化(OA)、安全保卫自动化系统(SAS)和消防自动化系统(FAS),将这5种功能结合起来的建筑也称为5A建筑,外加结构化综合布线系统(SCS),结构化综合网络系统(SNS),智能楼宇综合信息管理自动化系统(MAS)组成,就是智能化楼宇。楼宇智能化系统一般包括以下系统:综合布线系统、计算机网络系统、电话系统、有线电视及卫星电视系统、安防监控系统、一卡通系统、广播告示系统、楼宇自控系统、酒店管理系统、物业管理系统、智能楼宇管理系统(集控平台)及数据中心机房建设等。由于一般图书馆没有酒店管理、物业管理等功能,智慧图书馆的楼宇控制系统也会有选择地建设一些子系统以支撑楼宇管理功能的实现。

智能图书馆的智慧化空间主要体现在几个方面:一是通过网络视频监控,实现对图书馆空间的智慧管理;二是通过声光电和温度湿度控制系统,设置相应的传感器、行程开关、光电控制等,对设备的工作状态进行检测,并通过线路返回控制机房的中心计算机,由计算机得出分析结果,实现对图书馆的声光电和温度湿度进行监测和调控;三是图书馆大门也可以实现自动定时开关;四是利用综合布线系统可以提供整个馆舍内无死角的网络覆盖;五是智能广播系统可用于播放背景音乐、通知和应急广播,告示系统用于视频信息发布,在门厅、大堂、电梯间等地配置告示屏,播放宣传材料、广告和公告信息等;六是智慧化消防,它具备火灾初期自动报警功能,并在消防中心的报警器上附设有直接通往消防部门的电话、自动灭火控制柜、热烟感应系统、火警广播系统等,可有效防止火灾发生;七是智能身份识别系统,该系统主要依靠一卡通系统来实现。

第二节　高校智慧图书馆的建设目标和原则

一、建设目标

建设智慧图书馆并不是进行简单的技术堆砌，而是从每个图书馆自身需要出发，结合自身特点，再利用物联网、信息技术等高新技术，实现图书馆的全面升级。根据国内外学者的研究，我们总结了高校智慧图书馆的建设目标主要包括以下四个方面。

（一）建设一个全面感知的智慧图书馆

要通过感知系统、感知技术来获取图书馆的运行数据、用户的行为数据、图书馆外部数据等所有与智慧图书馆相关的数据，并将这些数据存储起来，对数据进行分析，这是实现智慧管理和智慧服务的基础。

（二）建设一个广泛互联的智慧图书馆

广泛互联就是将智慧图书馆的相关因素和参与方互相连接起来，既要实现人人相连、书书相连、书人相连，又要实现更高层次上的馆馆互联、网网互联、库库互联。使过去相对孤立的图书馆各个单元和服务模块有机融合，实现互联互通，创造出新的价值。

（三）建设一个开放泛在的智慧图书馆

现代图书馆强调开放，开放是其存在和发展的重要方式。开放既是指"时间的开放"，即图书馆开馆的时间更长，也是指服务范围的开放，既服务于本单位、本系统的用户，也向社会公众提供服务。泛在是指图书馆的服务不仅存在于图书馆的物理场所，同时也向互联网、移动终端、社交网络平台等多场所、多维度延伸，以数字图书馆、移动图书馆、微信服务平台等形式为用户提供服务。

（四）建设一个深度融合的智慧图书馆

物联网、大数据、云计算和以 4G/5G 为代表的移动通信网络等在图书馆建筑功能设计、图书馆资源建设、图书馆管理和服务等环节上应用，从而实现图书馆资源和服务与图书馆的平台和装置设备有机结合，无缝对接，为用户提供一体化、一站式的服务体验。

综上所述，高校智慧图书馆建设的目标就是要建立一个全面感知、广泛互联、开放泛在、深度融合的图书馆，图书馆的功能和框架设计也必须要围绕这一目标来执行。

二、建设和服务原则

谢拉曾说，"服务，这是图书馆的基本宗旨。"程亚男认为，"图书馆现代化发展的最终目的就是提供更好的服务"。那么，一座现代化的图书馆，或者一个图书馆员到底应该遵循哪些宗旨或服务原则呢？100 多年来，不同的专业机构和不同的学者对此有着不同的认识。1939 年，美国《图书馆权利宣言》确立了"图书馆自由"的原则。这个原则要求图书馆的服务必须保持意识形态上的中立性、客观性和被动性。直至今天,这种客观、公正、中立的立场与原则仍是西方图书馆坚定维护的目标。国际图书馆协会和机构联合会与联合国教育、科学及文化组织在《公共图书馆宣言》中写道:"公共图书馆是其所在地区的知识入口,为个人和团体的终身学习、独立决策和文化发展提供基本的条件。……公共图书馆的服务以平等利用为基础,不分年龄、种族、性别、宗教、国籍、语言或社会地位,为所有人提供。"

根据中外学者的论述,一个图书馆的原则既应包括建设原则,也应包括服务原则。因此,智慧图书馆也应该包括建设原则和服务原则。

(一)建设原则

1. 服务性原则

智慧图书馆建设的最主要的任务就是为用户提供智慧性服务,这是其建设的根本目的,也是其立身之本。与以文献载体为主的图书馆文献服务,以信息传播为主的图书馆信息服务,以知识传播为主的图书馆知识服务相比,图书馆智慧服务是以用户的智慧生成过程为中心,致力于培育用户驾驭知识、运用知识和创新知识的能力,进而实现智慧创造的一种服务。图书馆知识服务是智慧服务的前提和基础,而图书馆智慧服务是图书馆知识服务的深化和升华,图书馆应充分发挥客观知识的拥有者、整合者、启发者的核心作用,帮助用户在知识应用的过程中创新知识、提升智慧。

2. 技术前瞻性原则

智慧图书馆之所以"智慧",是因为借鉴和应用了一大批先进的技术,特别是现代信息技术、物联网技术和云计算技术等,智慧图书馆必须保持技术的先进性、适用性,才能从根本上适应图书馆发展的要求,进而符合用户对图书馆服务不断提升的需求。图书馆需要借助云计算技术、物联网技术建立文献感知服务系统和整合集群管理系统,在各个文献信息机构、各类文献之间建立起跨系统应用集成、跨部门信息共享、跨库网转换互通、跨媒体深度融合、跨馆际物流速递的服务与管理模式。图书馆的集群化综合服务平台可以实现知识与信息的共建性整合、集约式显示、便捷性获取、无障碍转换、跨时空传递等,从而使公共图书馆向智慧型图书馆转型,使知识资源的视角从点拓展到条线、块面和区域,使服务和管理也从孤立的点转移聚焦于条线的交流、块面的联系和区域的互动,这些正是新形势下促进图书馆服务创新所必须具备的信息服务环境。

3. 开放性原则

前文我们了解了智慧图书馆建设的根本目标,即建立一个全面感知、广泛互联、开放泛在、深度融合的图书馆。因此,建设智慧图书馆必须要坚持开放性原则,要保持图书馆的资源建设是开放的,图书馆的服务是开放的,图书馆的技术设备是开放的,图书馆员也是开放的。只有保持开放性,与外界交互联系,才能不断吸收其他地区、其他馆的先进经验、先进技术来为我所用。

4. 共建共享原则

图书馆共建共享,是社会经济发展到一定阶段,人们对图书馆信息和服务的需求日益提高,而图书馆受到内外因素的制约不能满足其需求时,依靠其他图书馆或信息机构的资源来满足其用户的一种手段。我国的高校图书馆共建共享始于1998年启动的"中国高等教育文献保障体系",它是资源共建共享的成功范例,极大地改善了我国图书馆的资源状况。而在《图书馆合作与信息资源共享武汉宣言》后,高校图书馆区域性系统内共建共享信息资源更是加快了发展的步伐。智慧图书馆,是数字图书馆发展到最新阶段的产物,有更多的技术和方法提供馆外服务,同时有新技术设备接受其他馆的信息和服务。因此,智慧图书馆的建设也应符合共建共享原则。

(二)服务原则

1. 开放服务原则

开放服务是公共图书馆的本质属性所在。"开放"是一个全方位概念,不独指一般的开门服务,它体现于公共图书馆各项服务的民主、宽松、和谐;"开放"又是一个动态概念,体现着图书馆服务的发展、提升和与时俱进精神。开放服务充分显示人文关怀意识;在服务对象方面,以面向全社会所有人开放为宗旨,西方发达国家的公共图书馆所谓"open to all",不分民族、身份、职业、信仰,也不分国别、地区、住所;在服务内容方面,信息资源的数量足、质量高、时效性好,符合读者需求;在服务形式方面,灵活多样,为读者喜闻乐见;在服务时间方面,开馆时间长,"在人们都起床之前开馆","在大多数人上床睡觉,不再使用图书馆之后闭馆(印度图书馆学家阮冈纳赞语)"。而在智慧图书馆中,通过借助移动通信网络和移动图书馆技术,使得即使是"躺在床上",也能利用移动终端设备来使用图书馆的资源和服务。

开放服务原则与智慧图书馆建设原则中的"开放性原则"既有区别又有联系,开放性建设原则是指在图书馆建设和发展过程中要保持开放,要与外界保持密切联系,互通有无。而开放服务原则是指服务对象和服务内容要开放,要非歧视、无差别地提供服务,这也是现代图书馆精神的应有之义。

2. 方便原则

图书馆服务中的方便原则亦可称"简便原则"、"便利原则"或"省力原则"。为服务对象提供方便,是任何一种服务共同追求的目标。不能提供方便的服务注定不会受人们欢迎,甚至被抛弃。方便是服务的本质,方便是服务的核心。图书馆服务中的方便原则,主要体现在:馆舍位置要方便读者,资源组织要方便读者,服务设施要方便读者,服务方式要方便读者等。

馆舍位置要方便读者。网络条件下,"图书馆离我有多远"问题已不那么重要,但是,"去图书馆是否便利"仍是许多读者关心的问题,因为亲身到图书馆享受恬静、舒适、典雅环境之惬意感受,是网络环境所不能提供的。网络环境再发达,也不可能取代作为物理场所的图书馆。既然图书馆是人们向往的理想去处,就应处于便利的位置。

资源组织要方便读者。从知识组织论的角度看,图书馆是组织文献信息资源的社会组织。图书馆的资源组织方法,要遵循两个原则:一是文献保障原则,即要全面收集和充分揭示文献信息资源;二是读者保障原则,即要按照读者需求组织资源。读者保障原则要求图书馆按照方便读者检索利用的原则组织资源。

服务设施要方便读者,应在建筑格局和家具摆设上考虑读者利用的方便。

服务方式要方便读者,一要贴近读者,二要从细微处入手。要充分利用多种途径,满足读者的不同层次需求,如借阅、咨询、知识分享讨论等。同时要利用现代技术手段,既要满足读者到馆服务需求,又要满足读者网络或移动信息服务需求。

3. 创新原则

智慧图书馆服务创新,包括理念创新、内容创新、方式方法创新等多方面内容。先进的服务理念,是创新的基础,应借鉴国内外一切先进的服务理念和方式为读者用户服务。内容创新,是指服务内容需要拓宽,智慧图书馆不但要提供基础服务,如借阅服务,还要提供创新服务如智慧性的咨询服务、知识服务、情报研究服务等。方式方法创新,就是指图书馆服务的方式要进行创新,多采用先进技术来增强服务方式。

4. 满意原则

读者是否满意及其程度如何,是衡量图书馆服务质量的最终标准。满意原则是图书馆服务原则中的核心原则。

美国宾夕法尼亚州立大学的安达利(S. S. Andaleeb)和西蒙兹(P. L. Simmonds)提出了测试读者满意度的5个命题:感受到的图书馆资源质量越高,读者满意度就越高;图书馆工作人员反应性越强,读者满意度就越高;感受到的图书馆工作人员能力越强,读者满意度就越高;图书馆工作人员道德行为越积极,读者满意度就越高;感受到的图书馆设施越好,读者满意度就越高。

读者对图书馆服务是否满意,这又属于读者的主体评价范畴,即属于读者(主体)对图书馆(客体)所做的评价范畴。黄俊贵先生认为,读者的主体地位一般表现在3个方面:①读者对文献,即文献是否符合读者需要,必须由读者做出判断;②读者对图书馆员,即图书馆员的服务态度、服务能力、服务效果必须由读者进行鉴定;③读者对图书馆工作,即图书馆的各项业务建设、制度规章、服务项目及设施是否反映读者利益与要求,必须由读者加以评价。

第三节 泛在环境下高校智慧图书馆的框架设计

在总结国内智慧图书馆的项目案例后,我们对智慧图书馆的要素、框架设计及其建设目标和原则有了相对清晰的认识,本节我们将根据高等院校的具体特点,以及高等院校图书馆的定位与功能,并结合国内智慧图书馆项目经验,设计一套适合高等院校的智慧图书馆系统框架,并对它的内部要素进行分析。

一、高校智慧图书馆框架

高校图书馆的用户主体是全校师生,此外,还有可能为校外用户提供信息服务。高校智慧图书馆的框架根据其定位,可分为技术和系统层、数据层、资源层、感知层、应用层和服务层。

（一）系统层

1. 技术层

为智慧图书馆提供技术支持，是组成系统层的技术来源。主要包括互联网技术、物联网技术、云计算技术、大数据技术、资源整合技术、社交网络技术和移动通信技术。

2. 系统层

为智慧图书馆各类应用提供基础支撑的保障系统，所有的应用服务均需通过系统层来实现。主要包括数据管理层、数据分析层、统一认证系统、移动图书馆、信息共享系统和数据库系统。

3. 感知层

为智慧图书馆运行提供基础数据采集和环境感知，主要包括RFID感知、二维码认证、声音感知、光度感知、温度感知、湿度感知、烟雾感知和智能定位。感知层是智慧图书馆的"神经系统"，能够及时地反馈外界数据，以帮助智慧图书馆及时的根据外界变化而作出反应。

（二）资源层

为智慧图书馆提供内容资源，是组成智慧图书馆的"血液和肌肉"。

1. 数据层

数据层提供智慧图书馆所需的各种数据，包括原生数据（图书馆原有的或购买的数据）和再生数据（图书馆各个主体在使用图书馆过程中产生的数据），主要有馆藏结构化数据、馆藏非结构数据、馆外资源数据、用户行为数据、管理行为数据和感知系统数据。

2. 资源层

资源层提供用户所需的各种资源，这是智慧图书馆信息资源的主体。包括馆藏印本资源、馆藏数字资源、数据库资源、馆外信息资源、多媒体资源和数据资源（学术数据资源）。

（三）应用服务层

应用服务层主要面向图书馆的管理和应用主体，它是实现智慧图书馆价值的最主要的平台。

1. 应用层

是智慧图书馆各项应用的承载系统，智慧图书馆的价值主要靠应用层来实现。包括智慧感知系统、智慧资源系统、智慧管理系统、智慧学习系统、智慧馆员系统、智慧社交系统和智慧服务系统。

2. 服务层

服务层是智慧图书馆的终端，即智慧图书馆的核心价值所在。主要包括两方面：一是参与主体，主要有图书馆馆员、图书馆管理者、校内用户、校外用户和合作客户；二是服务平台和终端，主要包括内网平台、互联网平台、移动应用平台和智能显示平台。图书馆虽然是公益机构，但现代图书馆特别是高校图书馆也有一些面向用户深度需求的服务，特别是面向系统外用户的深度知识服务，因此，智慧图书馆也会有合作客户。

二、智慧图书馆应用系统建设

应用系统是图书馆的窗口,是直接面向一线服务的平台,是满足智慧图书馆参与主体的应用需求和支撑智慧图书馆各项业务开展的重要保障。智慧图书馆的应用系统应当传承数字图书馆、虚拟图书馆等原有的系统,又应当在技术创新和服务创新的基础上发展新系统、新模式。

(一)智慧感知系统

智慧感知系统是智慧图书馆的基础应用系统,通过各种感知手段获得各种感知数据,并应用于实际业务的运作。它又包括图书馆运行状态感知系统和智慧环境感知系统。

1.图书馆运行状态感知系统

利用电子显示屏、感应器、电子摄像头和互联网、移动通信网络等软硬件设备,来实时监控图书馆运行情况,并及时传递和接收信息,主要包括图书馆人流量信息、读者到馆信息、图书期刊借还信息等,系统能够根据一定时间内用户使用图书馆资源和服务的信息,及时计算并作出反应,方便图书馆进行资源建设和读者服务工作的调整。

2.智慧环境感知系统

主要是利用物联网技术对图书馆各个功能空间以及图书馆分馆馆舍空间进行实时的环境监控和感知。包括对光照、温度、湿度、烟雾、声音等进行监测,及时返回数据,以供图书馆管理中控系统及时对环境变化作出应对。

光度感知要及时掌握馆内各个空间日光照射情况,并根据需要调整光线进入的多少。温度感知要动态掌握各阅览室、各馆藏室的温度状况,根据需要调整温度值。湿度感知主要对一些特殊的馆藏物进行湿度监控,以便对湿度进行必要的控制。烟雾感知要对敏感区域以及重要馆藏场所进行实时感知,以便及时发现火灾隐患,将火灾事故消灭在萌芽状态。声音感知是为了及时获得环境噪声参数,对出现异常情况进行必要干预。

通过智慧图书馆的智慧环境感知系统,可以实现对图书馆的电、水等资源进行智能控制,能够根据光照、室内外温度、人员密集程度等情况自动进行调节和控制,达到节能降耗的目标。同时,通过图书馆运行状态感知系统,可以有效控制威胁图书馆安全的事件的发生,同时达到了智能安防的效果。

(二)智慧资源系统

智慧资源系统是智慧图书馆存在的根本,是智慧图书馆的最重要的内容。它又包括4个子系统。

1.知识发现系统(Knowledge Discovery in Database,KDD)

是从各种媒体表示的信息中,根据不同的需求获得知识,目的是向使用者屏蔽原始数据的烦琐细节,从原始数据中提炼出有意义的、简洁的知识,直接向使用者报告。知识发现系统主要是利用数据仓储、资源整合、知识挖掘、数据分析、文献计量学模型等相关技术,用以解决复杂异构数据库群的集成整合,实现高效、精准、统一的学术资源搜索,进而通过分层聚类、引文分析、知识关联分析等实现高价值学术文献发现、纵横结合的深度知识挖掘、可视化

的全方位知识关联

2.数字资源定位系统

利用数字资源借阅终端,用户可以方便地查询各类数字资源的分布状况,并可按需要使用各类数字资源。

3.统一检索系统

统一检索系统的建设目的是要打造新的检索平台——为读者提供强大、便捷和个性化的服务平台,构筑具有高用户黏性的个性化图书馆。这一系统应具有以下五个方面的功能特点:与互联网账户的无缝对接,支持微博、QQ、微信等账号登录;与书评网/网上书店的互联互通;个性化的借阅排行和新书推荐;提供读者推荐的绿色通道;简单实用的期刊推送。

4.特色资源管理系统

结合图书馆所拥有的各类特色资源进行分类管理,并进行数字化加工处理,形成管理规范、分类科学、查询方便的特色资源服务体系,并通过云服务平台提供资源对接服务。特色资源以反映当地历史、文化、教育、科技等特色的各类资源为主,通过搭建资源共享平台,促进特色资源得到更好的传播和共享。

(三)智慧管理系统

智慧管理系统的应用主体主要是图书馆管理者和图书馆馆员。智慧管理系统通过各种高新技术,并结合图书馆发展和自身业务需求,推动图书馆管理的智慧化。主要包括以下几种子系统。

1.RFID系统

RFID系统是一种通信技术,可通过无线电信号识别特定目标并读写相关数据,而无须识别系统与特定目标之间建立机械或光学接触。它是构建"物联网"的关键技术,近年来受到人们的关注。RFID技术早起源于英国,是一种自动识别技术。

RFID技术是当前图书馆智慧化建设过程中使用最广泛的技术,已成为智慧图书馆的主要技术标志之一。当前应用于图书馆的RFID主要有高频(HF)和超高频(UHF)两种,两者都各有其优缺点:高频标签由于受读取距离限制,容易出现数据漏读以及相互干扰问题;超高频标签读取距离较远,但具有跳频特性,会出现超范围误读的情形。总体而言,目前图书馆所用的RFID正逐步向超高频标签过渡,跳频、存储容量小、设备成本高等障碍正在逐步被解决。与此同时RFID技术还可以实现图书的自助借还,简化借书流程;实现自动分拣、盘点以及安全防盗;根据自身状况和需求开发富有特色和个性化色彩的应用功能,最大限度激发应用潜能。RFID系统建设是智慧图书馆建设的基本任务,要从自身的实际需求出发,选用相对成熟的产品,确保与不同系统之间的互联互通,所采集的数据能为各应用系统所使用。

2.二维码

二维码(Quick Response Code)能表示高容量的文字、图形甚至声音等信息,是当今应用十分广泛的技术。二维码在智慧图书馆中有多方面的应用:用二维码扫描代替身份识别可实现无证借还;在特定需要的地点提供使用指引;在书库中的二维码能提供书库馆藏类别及架位信息;将图书简介以及书评信息等置于二维码中供读者分享;将图书馆发布的信息以及相关的位置信息等通过二维码传递给读者;将电子资源连接置于查询结果页面,让读者通过二维码下载至手机等终端。智慧图书馆建设过程中需对部分图书和其他馆藏以及读者证、员工证采用二维码技术,进一步丰富数据采集的方式,弥补RFID等存在的不足。

3. 智能定位系统

智慧图书馆需要实现对人员、馆藏和图书馆本身的位置感知,必须通过智能定位系统来实现。智能定位系统涉及馆内和馆外定位两个层面,馆外的定位系统主要通过GPS系统进行定位,该系统可以感知读者实时的外部位置,结合大数据和云计算技术既可为读者推送周边的图书馆地点以及相关目的地等,又可为读者提供全程的位置导航服务;馆内的定位系统,涉及人员以及馆藏资源的位置定位,人员的定位主要使用WiFi和ZigBee相结合的定位技术,且以WiFi定位技术为主,ZigBee则作为WiFi的补充来提高定位的精度。对馆藏资源的定位主要利用RFID的智能感知技术,由智能书架上的感知系统感知馆藏品上附载的RFID信息,并将感知到的结果反馈到图书馆管理系统以及读者的移动设备上实现对馆藏资源的实时定位,实现人性化的服务。智慧图书馆建设需要综合采用各类定位技术,使基于位置的服务能为读者、为馆员和图书馆的管理创造更大价值。

(四)智慧学习系统

智慧学习系统主要是网络学习平台,是一个包括网上教学和教学辅导、网上自学、网上图书馆技能学习、网上学生培训学习、网上师生交流、网上作业、网上测试以及质量评估等多种服务在内的综合教学服务支持系统,它能为学生、教师提供实时和非实时的教学辅导服务。旨在帮助系统管理者掌控各种学习内容活动与记录学习者的学习情况及进度。凭借该系统,管理者可以安排各类学习活动与学习者的学习过程。

慕课(MOOC),即"大规模开放的在线课程(Massive Open Online Course)",是新近涌现出来的一种在线课程开发模式。智慧图书馆用户可以通过网络学习平台在线接受慕课教育,这种模式有利于把其他学校优质的教学资源与图书馆优秀的在线平台结合起来,从而更好地为用户提供服务。

(五)智慧馆员系统

智慧图书馆的建设对图书馆的馆员提出了更高的要求,既要让他们成为各类智慧应用系统的行家里手,又要成为解决读者问题的专家。智慧馆员系统是智慧图书馆的核心支撑系统,对提升图书馆的整体管理和服务能力有着重要作用。智慧馆员系统主要建设内容可分为以下几方面。

1. 馆员工作站业务系统

馆员工作站业务系统是馆员开展图书管理业务的基础系统,用于图书信息核查、图书盘点、图书出借情况登记等,需要根据高校图书馆实际业务需要进行针对性开发。

2. 智慧馆员培训系统

学习培训是传统馆员向智慧馆员转型升级的必备条件,建设智慧馆员培训系统,为馆员提供良好的培训学习平台,学习平台既能保证集体培训的需要,也能满足个人单独学习培训的需要。

3.馆员任务管理系统

结合馆员具体的工作任务,开发个性化的馆员任务管理系统,根据内部工作要求进行任务分解,对各项工作任务进行动态管理,提高作业管理水平和执行效率。

4.馆员综合管理系统

馆员综合管理系统包括馆员考勤、绩效、职务等级、财务收支等在内的相关业务,是馆员个人进行自我管理、自助办理各项业务的信息系统。

(六)智慧社交系统

信息技术飞速发展,在改变人们的生产方式的同时,也在不断变革人们的生活方式。尤其是在大学生人群中,移动社交功能应用越来越普遍,学生之间联系的桥梁由以前的打电话、发短信逐渐变为利用微信等手机应用来实现。具备强大的智慧社交功能既是智慧图书馆建设的重要目标,也是迎合新一代读者发展需要的必然选择。智慧社群系统的建设要以"为读者提供融学习、社交和娱乐于一体的城市空间"为基本理念,结合O2O(线上线下)融合发展的思路,为读者提供全方位支持。智慧社群系统的建设内容可分为以下几个方面。

1.微信服务平台

全面丰富和完善高校图书馆微信服务平台的功能,使其成为连接图书馆与读者的纽带。主要功能包括:微信号与借书证号绑定,直接凭微信号进行图书借阅和场馆预约等;微信号管理个人图书馆账户,实时获得各种个人数据;利用微信直接获取电子文献、影视频等馆内外资源;利用微信缴纳各类逾期罚款、打印复印以及其他有偿使用的费用;利用微信预订各类讲座、影视频节目演播的座次;利用微信建立学科微信群,服务学科发展需要。

2.读者评价系统

建设读者评价系统,为读者提供评价和相互分享读书心得的渠道,并通过评价得积分的方法鼓励读者多做评价、认真做评价、负责任地做评价。

3.读者荐购系统

对读者亟须又符合采购规定、读者反映较好尚未采购的图书,可以通过读者荐购,由图书馆根据实际情况进行采购安排。

4.合作客户渠道

为各类合作客户提交业务交流和业务联络的窗口,如出版商、书店、地方文化资源提供者、其他图书馆以及其他与图书馆有业务往来的机构等,通过建立网上的业务渠道,为进一步加强合作、简化流程提供技术支撑。

(七)智慧服务系统

智慧服务是智慧图书馆的核心功能,既包括图书馆传统服务的智慧化,也包括利用各种新技术提供的创新服务。主要包括以下子系统。

1.自助服务系统

自助服务是智慧图书馆的重要特色,既能满足读者自主选择服务的需要,又能提升图书馆的服务效率和服务水准。自助服务具体项目如下:自助办证;自助借还;自助打印复印扫描;自助馆内开放空间预约;自助电子资源检索;自助缴费等。

自助服务的形式多样,可根据实际需要不断开发新的自助服务项目,尽可能为读者带来更多便利,同时也让馆员有更多的精力去提供更加专业的服务。

2. 移动图书馆

移动图书馆依托成熟的移动通信网络、互联网以及多媒体技术,使读者不受时间、地点和空间的限制,通过各种便携移动设备(手机、PDA、手持阅读器和平板电脑等)方便灵活的进行图书馆的信息查询、浏览,可一站式查找并获取图书馆纸本图书及电子资源,帮助读者通过移动端的 APP 享受图书馆提供的一系列服务。移动图书馆要重点解决手机客户端访问的 OPAC(Online Public Access Catalogue,联机公共检索目录)系统,通过 APP 访问,读者可以实现基本字段检索、书目查询、阅读全文、新书预约、图书续借、新书通报和关注等主要功能。此外,还应具有提示书籍阅读期限到期提醒等功能。

3. 个性化定制服务

根据读者兴趣爱好、职业特征以及地理位置等提供有针对性的个性化定制服务。具体的服务内容如下:个性化图书推荐;个性化电子期刊订阅;个性化讲座推荐;个性化科技查新服务;个性化影视媒体欣赏安排。个性化定制服务将结合读者的需求不断优化完善,探索新的服务项目和服务模式,为读者提供更加切合实际需求的个性化服务。

4. 特色服务

从高校智慧图书馆的实际需求出发,推出各类特色服务。

三、构成智慧图书馆的核心要素

所谓核心要素,是指构成某一事物必不可少的部分、方面或单位。根据智慧图书馆的概念、性质和功能,构成智慧图书馆的核心要素有馆员、资源、服务、技术和建筑。

(一)馆员

智慧图书馆的馆员是智慧图书馆服务的主体,是图书馆活动的主要执行者,图书馆的资源建设、参考咨询、流通阅览、学科服务、技术保障等工作环节都需要由馆员来完成,馆员在智慧图书馆中处于中心环节。

(二)资源

资源是图书馆的最主要的内容,是图书馆服务开展的基础。智慧图书馆的资源应包含传统图书馆的资源如印本资源,还应包括数字化资源、多媒体资源、数据资源等。

(三)服务

服务是图书馆工作的主要部分,是图书馆存在的根本价值,为用户提供服务是智慧图书馆最重要的工作。智慧图书馆的服务主要包括:借阅服务、参考咨询服务、用户驱动的获取与服务、学科化服务和情报研究服务等。

(四)技术

技术是智慧图书馆的基础,是支撑智慧图书馆各个系统的"灵魂"。智慧图书馆的技术主要包括:物联网技术、互联网技术、云计算技术、大数据技术、社交网络技术、移动通信技术等。

(五)建筑

建筑是智慧图书馆的物理载体,它为智慧图书馆馆员提供工作场所,为智慧图书馆资源提供馆藏空间,为智慧图书馆服务提供服务场地,为智慧图书馆系统和技术提供物理设备存放地。没有建筑,智慧图书馆就如同"无根之木""无源之木"。

第二章 智慧图书馆的资源建设

第一节 智慧图书馆中的信息资源的类型

当前智慧图书馆建设中,除了要满足用户通过智慧图书馆获取泛在服务外,还应存储一定量的纸质馆藏。这是因为,智慧图书馆虽然依托智慧化的技术,构建了智慧化的管理和服务系统,从而提供智慧化的服务,但大部分智慧图书馆同时承载着传统图书馆的功能,图书馆具有搜集和保存人类文化遗产的职能,所以智慧图书馆也必须保存一定量的纸质文献。除此以外,智慧图书馆应不遗余力地去开发数字资源、多媒体资源等,这也是智慧图书馆的性质和特点所决定的。智慧图书馆中存储的资源主要有印本资源、数字资源、多媒体资源、数据资源和开放信息资源等,本节将对这几种类型的资源进行详细论述。

一、印本资源

智慧图书馆中的印本资源主要包括图书、期刊、报纸、学位论文、特种文献等。其中图书是印本资源的主要组成部分,在馆藏资源中占据了绝大部分体量,也是除数字资源外获得资源建设经费最多的资源类型。期刊的时效性较高,一般期刊出版社会定期出版,学术期刊的学术价值比较高,在学术研究中有极高的地位。报纸比期刊的出版频率高,大部分报纸为一天一期,其信息新颖性高,但大多以新闻性信息为主,也有部分报纸为休闲娱乐类,丰富读者的业余文化生活。工具书是研究学科或领域必不可少的工具类书籍,一般为学校或科研机构的教学科研活动所使用,在图书馆馆藏中使用频率较低,但学术价值很高。大部分高校图书馆具有保存本校学位论文的功能,学位论文具有较高的学术价值,尤其是硕士、博士学位论文,体现了学生研究生阶段的学术研究水平,一般学位论文会花费1~3年的时间来完成。会议资料是指在学术交流会议上用于学术讨论、交流的资料和文献的总称,会议资料内容新颖,传递信息比较及时,学术价值比较高。除此以外,一些高校图书馆的印本资源还包括专利文献、标准文献等特种文献,它们也具有较高的收藏和学术价值。

(一)图书

1.图书的起源发展沿革

"图书"一词最早出现于《史记·萧相国世家》,刘邦攻入咸阳时,"何独先入收秦丞相御史律令图书藏之。沛公为汉王,以何为丞相。…汉王所以具知天下厄塞,户口多少,强弱之处,民所疾苦者,以何具得秦图书也"。这里的"图书"指的是地图和文书档案,它和我们今天所说的图书是有区别。进一步探求"图书"一词的渊源,可追溯到《周易·上系辞》记载的"河出图、洛出书"这个典故上来,它反映了图画和文字的密切关系。虽然是神话传说,但却说明了这样一个事实:文字起源于图画。图画和文字确实是紧密相连的。古人称各种文字形态为"书体",写字的方法为"书法","书"字还被作为动词,当"写"讲,如"罄竹难书""奋笔疾书""大书特书"等。以后,"书"便进一步被引申为一切文字记录。如"书信""文书""刑书""诏书""盟书"等。随着历史的发展,人们对于图书的认识也在不断地发生变化。到了今天,人们已经不再把所有文字记录都称作"书"了。例如文书、书信、诏书、盟书,虽然都带有"书"字,但已不包括在图书的范围之内。古文记载,其内容多是记事性质的,如甲骨卜辞、青铜器铭文等,都是属于这一类的,其作用主要是为帮助记忆,以便需要时检查参考,其性质相当于后世的档案。以后人们从实践中认识到,这些记录的材料可以改变成总结经验、传授知识的工具。于是便出现了专为传授知识、供人阅读的著作。这样,图书一词便取得了较新而又较窄的意义。到后来,凡不以传播经验、传授知识、供人阅读为目的的文字记录就不算图书了;随着生产力的发展和社会的进步,人们开始有意识地运用文字来宣传思想,传播知识,同时也逐步地形成了一套书籍制度,而处理日常事务的文件又形成了一套文书制度。于是,图书与档案就逐渐被区分开了。

在我国古代,人们曾对图书下过不同的定义。例如:从图书的内容方面出发的就有:"百氏六家,总曰书也"(《尚书·序疏》)。从图书形式上出发的则认为:"著于竹帛谓之书"(《说文解字·序》)。显然,这些定义是时代的产物,是就当时的实际情况而言的,不可能对以后的发展作全面的概括。但上述定义已经正确地揭示了当时书籍的内容和形式特征,并且把"书"看作是一种特指概念,把它与原始的文字记录区别开来。经过了长达数千年的演变,作为图书内容的知识范围扩大了,记述和表达的方法增多了,使用的物质载体和生产制作的方法发生了多次的变化;因而也就产生了图书的各种类型、著作方式、载体、书籍制度以及各种生产方式。所有这些,便促使人们对图书有了较系统而明确的概念。

直到今天,图书仍有广义和狭义之分。在实际生活中,我们常常会知道这样一些有趣的现象:对于"图书馆"和"图书情报工作"等概念来说,"图书"是广义的,泛指各种类型的读物,既包括甲骨文、金石拓片、手抄卷轴,又包括当代出版的书刊、报纸,甚至包括声像资料、缩微胶片(卷)及机读目录等新技术产品;而在图书馆和情报所的实际工作中,人们又要把图书同期刊、报纸、科技报告、技术标准、视听资料、缩微制品等既相提并论,又有所区别。在前者与后者有所区别的时候,图书所包括的范围就大大缩小了,这是狭义的"图书"联合国教科文组织对图书的定义是:凡由出版社(商)出版的不包括封面和封底在内49页以上的印刷品,具有特定的书名和著者名,编有国际标准书号,有定价并取得版权保护的出版物称为图书。

图书是以传播知识为目的,用文字或其他信息符号记录于一定形式的材料之上的著作物;图书是人类社会实践的产物,是一种特定的不断发展着的知识传播工具。

2. 图书的构成要素

从竹木简牍到今天的各类图书,不管其形式和内容如何变化,只要认真地加以考察和分析,就可以看出它们都具有这样几个要素:①要有被传播的知识信息;②要有记录知识的文字、图像信号;③要有记载文字、图像信号的物质载体;④图书的生产技术和工艺也是产生图书的基本条件。

3. 图书的类型

图书按学科划分为社会科学和自然科学图书;按文种划分为中文图书和外文图书;按用途划分为普通图书和工具书。

4. 图书的特点

与其他出版物相比,图书的特点为:①内容比较系统、全面、成熟、可靠;②出版周期较长,传递信息速度较慢。

(二)期刊

期刊由依法设立的期刊出版单位出版。在我国,期刊出版单位出版期刊,必须经新闻出版总署批准,持有国内统一连续出版物号,领取《期刊出版许可证》。

从广义上来讲,期刊的分类,可以分为非正式期刊和正式期刊两种。非正式期刊是指通过行政部门审核领取"内部报刊准印证"作为行业内部交流的期刊(一般只限行业内交流不公开发行),但也是合法期刊的一种,一般正式期刊都经历过非正式期刊过程。正式期刊是由国家新闻出版署与国家科委在商定的数额内审批,并编入"国内统一刊号",办刊申请比较严格,要有一定的办刊实力,正式期刊有独立的办刊方针。

"国内统一刊号"是"国内统一连续出版物号"的简称,即"CN号",它是新闻出版行政部门分配给连续出版物的代号。"国际刊号"是"国际标准连续出版物号"的简称,即"ISSN号",我国大部分期刊都配有"ISSN号"。

此外,正像报纸一样,期刊也可以以不同的角度分类。有多少个角度就有多少种分类的结果,角度太多则过于烦琐。一般从以下3个角度进行分类。

1. 按学科分类

以《中国图书馆图书分类法·期刊分类表》为代表,将期刊分为5个基本部类:①马列主义、毛泽东思想;②哲学;③社会科学;④自然科学;⑤综合性刊物。在基本部类中,又分为若干大类,如社会科学分为社会科学总论、政治、军事、经济、文化、科学、教育、体育、语言、文字、文学、艺术、历史、地理。

2. 按内容分类

以《中国大百科全书》新闻出版卷为代表,将期刊分为4大类:①一般期刊,强调知识性与趣味性,读者面广,如我国的《人民画报》《大众电影》,美国的《时代》《读者文摘》等;②学术期刊,主要刊载学术论文、研究报告、评论等文章,以专业工作者为主要对象;③行业期刊,主要报道各行各业的产品、市场行情、经营管理进展与动态,如中国的《摩托车信息》《家具》;日本的《办公室设备与产品》等;④检索期刊,如我国的《全国报刊索引》《全国新书目》,美国的《化学文摘》等。

3.按学术地位分类

可分为核心期刊和非核心期刊两大类。

(三)报纸

报纸newspaper(s)是以刊载新闻和时事评论为主的定期向公众发行的印刷出版物。是大众传播的重要载体,具有反映和引导社会舆论的功能。

报纸从诞生到今天已经走过了漫长的历史,公元前60年,古罗马政治家恺撒把罗马市以及国家发生的事件书写在白色的木板上,告示市民。这便是世界上最古老的报纸。汉代的邸报是中国最早的报纸。1450年,欧洲的德国人谷登堡发明了金属活字印刷技术,于是印刷的报纸开始发行。1493年,罗马发行的报纸上刊登了哥伦布航海的消息。当时的报纸只是在发生引人注目的大事件时才发行。1609年,德国率先发行定期报纸,虽是周报,但很快波及整个欧洲。世界上第一张日报在1650年发行于德国。法国1631年才出现报纸,而英国由于当时发生了政治事件,报纸才得以发行。美国的第一张报纸是独立前的1704年,由波士顿邮局局长发行的《波士顿通讯》。历史发展到欧洲资产阶级革命时期,报纸已在欧洲各国相继发行,并被越来越多的人们所喜爱和接受。

19世纪末到20世纪初,报纸实现了从"小众"到"大众"的过程,经历了一次较大的"飞跃"。这一时期,报纸的发行量直线上升,由过去的几万份增加到十几万份,几十万份乃至上百万份;读者的范围也不断扩大,由过去的政界,工商界等上层人士到中下层人士。这种由量的积累而产生的质的飞跃,宣告了一个时代——大众传播时代的来临。这一次"飞跃"标志着资本主义的发展达到顶峰。

1.职能

关于报纸的职能,从不同角度,会得出不同的看法,例如从政党机关报的角度,报纸的职能上说:"报纸的作用和力量,就在它能使党的纲领路线、方针政策、工作任务和工作方法,最迅速最广泛地同群众见面。"法国新闻学者贝尔纳·瓦耶纳关于报纸职能的概括,可以被各方面接受:主要的报道职能,随之而来的辩论职能(即传播观点的职能),附带的娱乐职能。

2.优点

①可随时阅读,不受时间限制,不会如电视或电台节目般错过指定时间报道的信息;

②互相传阅,读者人数可以是印刷数的几倍;

③即使阅读或理解能力较低的人,亦可相应多耗时间,吸收报章的信息;

④因特网崛起,网上版报纸的传阅力较传统印刷品报章。

3. 缺点

①受截稿及出版因素影响,不能提供最新资讯以及即时更正信息;

②纸张过多带来携带及传阅的不便;

③图片和文字在电视和电台的影音片段的比较下震撼力和感染力比较低;

④容易沾染油墨污垢。

(四)学位论文

学位制度起源于中世纪的欧洲。1180年巴黎大学授予第一批神学博士学位,学位论文答辩制度是由德语国家首创的,以后各国(或地区)相继效仿。凡经答辩通过的学位论文,一般都是具有独创性的研究成果,能显示论文作者的专业研究能力。由于各国教育制度规定授予学位的级别不同,学位论文也相应地有学士学位论文、硕士(或副博士)学位论文、博士学位论文之分,其中博士学位论文具有较高的学术价值。20世纪中后期,世界上每年产生的博士和硕士学位论文约10万篇。学位论文除少数在答辩通过后发表或出版外,多数不公开发行,只有一份复本被保存在授予学位的大学的图书馆中以供阅览和复制服务。为充分发挥学位论文的参考作用,一些国家的大学图书馆将其制成缩微胶卷,编成目录、索引,并形成专门的学位论文数据库。也有少数国家对学位论文进行集中管理。

学位论文是指为了获得所修学位,按要求被授予学位的人所撰写的论文。学位论文根据所申请的学位不同,可分为学士论文、硕士论文、博士论文3种。

按照研究方法不同,学位论文可分理论型、实验型、描述型3类,理论型论文运用的研究方法是理论证明、理论分析、数学推理,用这些研究方法获得科研成果;实验型论文运用实验方法,进行实验研究获得科研成果;描述型论文运用描述、比较说明方法,对新发现的事物或现象进行研究而获得科研成果。

按照研究领域不同,学位论文又可分人文科学学术论文、自然科学学术与工程技术学术论文两大类,这两类论文的文本结构具有共性,而且均具有长期使用和参考的价值。

1. 博士学位

高等学校和科学研究机构的研究生,或具有研究生毕业同等学力的人才,通过博士学位的课程考试和论文答辩,成绩合格,达到下述学术水平者,授予博士学位。

①在本门学科上掌握坚实宽广的基础理论和系统深入的专门知识;

②有独立从事学科研究工作的能力;

③在科学或专门技术上做出创造性的成果。

2. 硕士学位

高等学校和科学研究机构的研究生,或具有研究生毕业同等学力的人员,通过硕士学位的课程考试和论文答辩,成绩合格,达到下述学术水平者,授予硕士学位。

①在本门学科上掌握坚实的基础理论和系统的专门知识;

②具有从事科学研究工作或独立担负专门技术工作的能力。

3.学士学位

高等学校本科毕业生,成绩优良,达到下述学术水平者,授予学士学位。

①较好地掌握本门学科的基础理论、专门知识和基本技能;

②具有从事科学研究工作或担负专门技术工作的初步能力。

(五)特种文献

特种文献是指出版发行和获取途径都比较特殊的科技文献,特种文献一般包括会议文献、科技报告、专利文献、学位论文、标准文献、科技档案、政府出版物七大类。特种文献特色鲜明、内容广泛、数量庞大、参考价值高,是非常重要的信息源。高校图书馆收藏的特种文献一般有会议文献和专利文献。

1.会议文献

指在学术会议上宣读或交流的论文及其他资料。会议结束后,通常会将这些会议文献结集出版,如会议录,会议论文集,会议论文汇编等。

2.专利文献

狭义的专利文献是指由专利部门出版的各种专利出版物,如专利说明书、权利要求书;广义的专利文献还包括说明书摘要、专利公报以及各种检索工具书、与专利有关的法律文件等。

二、数字资源

数字资源是文献信息的表现形式之一,是将计算机技术、通信技术及多媒体技术相互融合而形成的以数字形式发布、存取、利用的信息资源总和。从数据的组织形式上看,有数据库、电子期刊、电子图书、网页信息等多种类型。

按存储介质可分为磁介质和光介质两种类型。其中,磁介质包括软盘、硬盘、磁盘阵列、活动硬盘、优盘、磁带等类型;光介质包括CD、DVD、LD等类型。常用的数字资源存储介质为硬盘、磁盘阵列、磁带及CD、DVD、LD等。

按数据传播的范围可分为单机、局域网和广域网等方式。单机利用可以是光盘或安装在一台计算机上的数据;局域网内部利用是用户能在机构内部浏览检索数字资源,但在机构的局域网以外的网络环境中不能访问;广域网方式是指用户可以在任何一个拥有Internet的地方通过一定的身份认证方式或者不需认证就可以访问数字资源。

从资源提供者来看,可分为商业化的数字资源和非商业化的数字资源。前者包括数据库商、出版商和其他机构以商业化方式提供的各种电子资源。这些数字资源内容丰富、数据量大,是图书馆馆藏资源建设中的重要内容。后者主要指机构自建的特色资源库、开放获取资源、机构典藏和其他免费的网络资源,这些资源或者由图书馆自行建设,或者可以从网络上免费获取。当然,图书馆特色资源库在建成之后也可以以商业化方式进行运作,此时,对其他图书馆而言,也可以称之为商业化数字资源。

(一)数据库

数据库(Database)是按照数据结构来组织、存储和管理数据的仓库,它产生于距今60多年前,随着信息技术和市场的发展,特别是20世纪90年代以后,数据管理不再仅仅是存储和管理数据,而转变成用户所需要的各种数据管理的方式。数据库有很多种类型,从最简单的存储有各种数据的表格到能够进行海量数据存储的大型数据库系统都在各个方面得到了广泛的应用。

在信息化社会,充分有效的管理和利用各类信息资源,是进行科学研究和决策管理的前提条件。数据库技术是管理信息系统、办公自动化系统、决策支持系统等各类信息系统的核心部分,是进行科学研究和决策管理的重要技术手段。

数据库的基本结构分3个层次,反映了观察数据库的3种不同角度:以内模式为框架所组成的数据库叫作物理数据库;以概念模式为框架所组成的数据库叫概念数据库;以外模式为框架所组成的数据库叫用户数据库。

1. 物理数据层

它是数据库的最内层,是物理存储设备上实际存储的数据的集合。这些数据是原始数据,是用户加工的对象,由内部模式描述的指令操作处理的位串、字符和字组成。

2. 概念数据层

它是数据库的中间一层,是数据库的整体逻辑表示。指出了每个数据的逻辑定义及数据间的逻辑联系,是存储记录的集合。它所涉及的是数据库所有对象的逻辑关系,而不是它们的物理情况,是数据库管理员概念下的数据库。

3. 用户数据层

它是用户所看到和使用的数据库,表示了一个或一些特定用户使用的数据集合,即逻辑记录的集合。

数据库不同层次之间的联系是通过映射进行转换的。

(二)网络数据库

数据库是按一定的结构和规则组织起来的相关数据的集合,通常分为层次式数据库、网络式数据库和关系式数据库3种。不同的数据库是按不同的数据结构来联系和组织的。计算机网络的特点是资源共享,数据+资源共享这两种技术结合在一起即成为在今天广泛应用的网络数据库,也称在线数据库或Web数据库网络数据库的含义是以后台数据库为基础,加上一定的前台程序,通过浏览器完成数据存储、查询等操作的信息集合。网络数据库从使用角度来看,是一种基于浏览器/服务器方式(B/S)的数据库,具有互动性。

网络信息资源是指以电子数据的形式将文字、图像、声音、动画等多种形式的信息存放在光磁等非印刷质的载体中,并通过网络通信、计算机或终端等方式再现出来的信息资源。

网络数据库是信息检索与计算机技术相结合的产物,其主要含义就是信息化的"存取"。现代化信息检索可以追溯到 20 世纪 50 年代,数字式计算机诞生后,人们开始研究将其应用于信息检索,并于 1951 年首次利用计算机进行文摘检索试验,初步证明了它的技术可行性。

20 世纪 60 年代是信息检索开发和实用化时期。一批传统出版商和图书馆如美国国家医学图书馆(NLM)和美国化学文摘(CAS)等开始建立自己的计算机检索系统。其中美国麻省理工学院(MIT)开发的联机检索系统的记录中含有引用文献目录,可以用布尔检索、截词检索、引文检索和书目耦合技术,叙词法也开始在计算机检索系统中应用。

20 世纪 70 年代是计算机信息检索的成熟发展时期。计算机技术在这一时期有了重大进展,如分时计算机、带终端的远程处理系统、廉价的大容量随机存储器(磁盘存储器)、分组交往网等技术的发展推动了计算机检索技术的发展。数据库迅速增长,全文检索开始走向实用化。

20 世纪 80 年代是全面和多元化发展时期。这一时期全文检索开始普及,光盘检索技术出现,自然科学类数据库继续增加,同时社科、经济、人文类数据库也不断增多,个人计算机的出现使得检索更加方便和频繁,计算机检索从较多的存在于科研领域逐渐向人们日常生活的检索转移。1988 年,信息检索界重要标准 Z39.50 协议颁布,使异构数据库之间和不同系统之间的通信可以实现,对信息检索产生了重要影响。

20 世纪 90 年代以后,是互联网检索发展时期。互联网的出现使得网上信息成几何数字增长,同时它又是无序、散乱的信息集合,人们需要一种简单易用的工具来方便地实现检索,从而迅速获取所需的信息。

按照国际上通用的分类方法,数据库通常划分为以下几种类型:

1. 参考型数据库(reference database)

指引用户到另一信息源以获得原文或其他细节的数据库,又称为指示型数据库,包括书目数据库和指南数据库。

①书目数据库(bibliography database)是指存储某个领域的二次文献(如文摘、题录、目录等)的数据库,又称二次文献数据库或简称文献数据库,如美国化学文摘数据库 CA Search 等。

②指南数据库(referral database)是指存储关于某些机构、人物、出版物、项目、程序、活动等对象的简要描述,指引用户从其他有关信息员获取更详细信息的数据库,也称指示性数据库,如机构名录数据库,人物传记数据库、产品数据库等。

2. 源数据库(source database)

能直接提供原始资料或数据的自足性数据库,用户可直接获取足够的信息资源。又可以分为:

①数值数据库(numeric database),指专门提供以数值方式呈现的数据库,如各种统计数据库。

②文本数值数据库(textualnumeric database)能同时提供文本信息和数值信心的数据库,如产品市场报告数据库等。

③全文数据库(fulltext database),指存储文献全文的数据库,如期刊全文库。

④术语数据库(terminological bank),存储名词术语信息、词语信息等的数据库,也包括电子辞书。

⑤多媒体数据库,一种把文字、声音、图像、数值等信息存储,并对其进行一体化管理的数据库。

(三)电子图书

电子图书又称e-book,是指以数字代码方式将图、文、声、像等信息存储在磁、光、电介质上,通过计算机或类似设备使用,并可复制发行的大众传播体。

电子图书拥有与传统书籍许多相同的特点:包含一定的信息量,比如有一定的文字量、彩页;其编排按照传统书籍的格式以适应读者的阅读习惯;通过被阅读而传递信息等。

但是电子图书作为一种新形式的书籍,又拥有许多与传统书籍不同的或是传统书籍不具备的特点:必须通过电子计算机设备读取并通过屏幕显示出来;具备图文声像结合的优点;可检索;可复制;有更高的性价比;有更大的信息含量;有更多样的发行渠道等。

电子书是一种便携式的手持电子设备,专为阅读图书设计,它有大屏幕的液晶显示器,内置上网芯片,可以从互联网上方便的购买及下载数字化的图书,并且有大容量的内存可以储存大量数字信息,一次可以储存大约30本传统图书的信息,特别设计的液晶显示技术可以让人舒适的长时间阅读图书。

(四)电子期刊

电子期刊(Electronic Journal)也称为电子出版物、网上出版物。广义而言,任何以电子形式存在的期刊均可称为电子期刊,涵盖通过联机网络可检索到的期刊和以CD-ROM形式发行的期刊。

电子期刊的类型有两种:一种是纸质期刊的电子化,另一种是直接在网络出版的电子期刊。

网络出版的电子期刊从投稿、编辑出版、发行订购、阅读乃至读者意见反馈的全过程都是在网络环境中进行的,任何阶段都不需要用纸,它与传统的印刷型期刊有着本质的区别。电子期刊是以高新技术,包括光盘、网络通信技术为载体,经过信息技术人员加工处理,运用现代技术检索手段,以满足信息需求的出版物。且融入了图像、文字、声音、视频、游戏等相互动态结合来呈现给读者,此外,还有超链接、及时互动等网络元素,在增加了易读性和趣味性的同时又节约了成本。

(五)网页信息

网页是构成网站的基本元素,是承载各种网站应用的平台。网页是一个包含 HTML 标签的纯文本文件,它可以存放在世界某个角落的某一台计算机中,是万维网中的一"页",是超文本标记语言格式(标准通用标记语言的一个应用,文件扩展名为.html 或.htm)。网页通常通过图像档提供图画,并且要通过网页浏览器来阅读。

三、多媒体资源

在计算机行业里,媒体(medium)有两种含义:其一是指传播信息的载体,如语言、文字、图像、视频、音频等;其二是指存储信息的载体,如 ROM、RAM、磁带、磁盘、光盘等,目前,主要的载体有 CD-ROM、VCD、网页等。多媒体是近几年出现的新生事物,正在飞速发展和完善之中。

严格来讲,多媒体资源不算是一种资源类型,它是多种媒体的资源的总称。一般包括文本,声音和图像等多种媒体形式。在计算机系统中,多媒体指组合两种或两种以上媒体的一种人机交互式信息交流和传播媒体。使用的媒体包括文字、图片、照片、声音、动画和影片,以及程式所提供的互动功能。

多媒体是超媒体(Hypermedia)系统中的一个子集,而超媒体系统是使用超链接(Hyperlink)构成的全球信息系统,全球信息系统是因特网上使用 TCP/IP 协议和 UDP/IP 协议的应用系统。二维的多媒体网页使用 HTML、XML 等语言编写,三维的多媒体网页使用 VRML 等语言编写。在 20 世纪中后期,大部分的多媒体作品使用光盘发行,进入 21 世纪后,多媒体产品更多地通过网络发行。

(一)多媒体技术的应用范围

多媒体技术涉及面相当广泛,主要包括:音频技术,音频采样、压缩、合成及处理、语音识别等;视频技术,视频数字化及处理;图像技术,图像处理、图像、图形动态生成;图像压缩技术,图像压缩、动态视频压缩;通信技术,语音、视频、图像的传输;标准化,多媒体标准化。

(二)多媒体技术所涉及的内容

多媒体技术涉及的内容主要包括几方面。①多媒体数据压缩:多模态转换、压缩编码。②多媒体处理:音频信息处理,如音乐合成、语音识别、文字与语音相互转换;图像处理,虚拟现实。③多媒体数据存储:多媒体数据库;多媒体数据检索,基于内容的图像检索,视频检索;多媒体著作工具,多媒体同步、超媒体和超文本;多媒体通信与分布式多媒体,CSCW、会议系统、VOD 和系统设计;多媒体专用设备技术,多媒体专用芯片技术,多媒体专用输入输出技术;多媒体应用技术,CAI 与远程教学、GIS 与数字地球、多媒体远程监控等。

四、数据资源

数据(data)是事实或观察的结果,是对客观事物的逻辑归纳,是用于表示客观事物的未经加工的原始素材。数据可以是连续的值,比如声音、图像,称为模拟数据。也可以是离散的,如符号、文字,称为数字数据。在计算机系统中,数据以二进制信息单元 0,1 的形式表示。

信息与数据既有联系,又有区别。数据是信息的表现形式和载体,可以是符号、文字、数字、语音、图像、视频等。而信息是数据的内涵,信息是加载于数据之上的,对数据作具有含义的解释。数据和信息是不可分离的,信息依赖数据来表达,数据则生动具体表达出信息。数据是符号,是物理性的,信息是对数据进行加工处理之后所得到的并对决策产生影响的数据,是逻辑性和观念性的;数据是信息的表现形式,信息是数据有意义的表示。数据是信息的表达、载体,信息是数据的内涵,是形与质的关系。数据本身没有意义,数据只有对实体行为产生影响时才成为信息。

数据的表现形式还不能完全表达其内容,需要经过解释,数据和关于数据的解释是不可分的。例如,93 是一个数据,可以是一个同学某门课的成绩,也可以是某个人的体重,还可以是计算机系 2013 级的学生人数。数据的解释是指对数据含义的说明,数据的含义称为数据的语义,数据与其语义是不可分的。

对数据的分类,可以按性质、表现形式和记录方式 3 种类型划分。

(一)按性质划分

①定位的,如各种坐标数据;

②定性的,如表示事物属性的数据(居民地、河流、道路等);

③定量的,反映事物数量特征的数据,如长度、面积、体积等几何量或重量、速度等物理量;

④定时的,反映事物时间特性的数据,如年、月、日、时、分、秒等。

(二)按表现形式划分

①数字数据,如各种统计或量测数据。数字数据在某个区间内是离散的值;

②模拟数据,由连续函数组成,是指在某个区间连续变化的物理量,又可以分为图形数据(如点、线、面)、符号数据、文字数据和图像数据等,如声音的大小和温度的变化等。

(三)按记录方式划分

地图、表格、影像、磁带、纸带。按数字化方式分为矢量数据、格网数据等。在地理信息系统中,数据的选择、类型、数量、采集方法、详细程度、可信度等,取决于系统应用目标、功能、结构和数据处理、管理与分析的要求。

数据也分为结构化数据、非结构化数据和半结构化数据。

结构化数据,简单来说就是数据库。结合到典型场景中更容易理解,比如企业 ERP、财务系统;医疗 HIS 数据库;教育一卡通;政府行政审批;其他核心数据库等。这些应用需要哪些存储方案呢?基本包括高速存储应用需求、数据备份需求、数据共享需求以及数据容灾需求。结构化数据即行数据,存储在数据库里,可以用二维表结构来逻辑表达实现的数据。

非结构化数据库是指其字段长度可变,并且每个字段的记录又可以由可重复或不可重复的子字段构成的数据库,用它不仅可以处理结构化数据(如数字、符号等信息)而且更适合处理非结构化数据(全文文本、图像、声音、影视、超媒体等信息)。非结构化 WEB 数据库主要是针对非结构化数据而产生的,与以往流行的关系数据库相比,其最大区别在于它突破了关系数据库结构定义不易改变和数据定长的限制,支持重复字段、子字段以及变长字段并实现了对变长数据和重复字段进行处理和数据项的变长存储管理,在处理连续信息(包括全文信息)和非结构化信息(包括各种多媒体信息)中有着传统关系型数据库所无法比拟的优势。非结构化数据,包括所有格式的办公文档、文本、图片、XML、HTML、各类报表、图像和音频/视频信息等。

而半结构化数据,就是介于完全结构化数据(如关系型数据库、面向对象数据库中的数据)和完全无结构的数据(如声音、图像文件等)之间的数据,HTML 文档就属于半结构化数据。它一般是自描述的,数据的结构和内容混在一起,没有明显的区分。

五、开放信息资源

开放存取(Open Access,OA)是 20 世纪 90 年代末国际科技界、学术界、出版界、信息传播界为推动科研成果利用因特网自由传播而发展起来的,其初衷是解决当前的"学术期刊出版危机",推动科学信息的广泛传播,促进学术信息的交流与出版,提升科学研究的公共利用程度,保障科学信息的长期保存。

(一)背景

据 Blackwell 期刊价格指数显示,1990—2000 年期间,社会人文科学领域的学术期刊的涨幅高达 185.9%,科技和医学领域的学术期刊的涨幅则分别高达 178.3% 和 184.3%。但是,作为学术期刊的主要消费者,图书馆则面临着资金缓慢增长甚至削减的问题。据 ARL(美国研究型图书馆协会)的最新数据统计,2003 年美国研究型图书馆用于购买期刊的费用相对于 1986 年而言虽然增长了 260%,但订阅的期刊总数只比 1986 年增加了 14%。许多图书馆由于资金缺乏,只能取消部分期刊的订购,而出版商为了保证自己的利润,对图书馆购买的期刊则不断提高价格,从而形成了学术期刊价格恶性增长。

电子期刊的出现为解决"学术期刊危机"提供了可能。因为利用计算机和网络技术确实可以使学术期刊出版成本大大降低。首先,制作成本降低。电子期刊管理系统在作者提交论文、编辑审稿、评审专家参与论文评议以及上述三方的沟通上既方便又经济,这就使得电子期刊制作的固定成本比印本期刊要低廉得多。更为重要的是,作为信息产品,制作电子期刊复本的边际成本很低,甚至几乎为零,相对于印本期刊复本的制作成本而言,这是一个巨大的变革。其次,传播成本降低。由于网络版电子期刊已经取代光盘版电子期刊,成为电子期刊的主流，而网络期刊是通过 Internet 传播的，所以，也就没有印本期刊的邮寄成本了，而这也是印本期刊成本的重要组成部分。但是，电子期刊尽管为解决"学术期刊危机"提供了可能，但却被出版商控制。出版商利用电子期刊的低廉成本获取更为巨大的利润，而没有真正服务于学术交流的需要。为了解决"学术期刊危机"问题，构建一个真正服务于科学研究的学术交流体系，开放存取运动于 20 世纪 90 年代末在国际学术界、出版界和图书情报界大规模兴起。正如布达佩斯开放存取先导计划指出，古老传统（研究人员非盈利的信息传播动机）和新兴技术（网络技术带来的出版成本的降低）的融合为研究成果的开放存取提供了发展空间。

（二）内涵

开放存取也翻译为"公开获取""开放获取"，是在网络环境下发展起来的一种新的重要学术交流模式。《布达佩斯开放存取计划》对开放存取的定义是：对于某文献，存在多种不同级别和种类的、范围更广、更容易操作的存取方法，而且对文献的访问存在不同的政策和权限，文献的"开放存取"意味着用户通过公共 Internet 网可以免费阅读、下载、复制、传播、打印和检索作品，或者实现对作品全文的链接，为作品建立索引和将作品作为数据传递给相应软件，或者进行任何其他出于合法目的的使用。上述的各种使用都不受经济、法律和技术的任何限制除非是网络本身造成的物理障碍，唯一的限制就是，保证作者拥有保护作品完整性的权利，同时在使用作者作品时注明相应的引用信息。开放存取包括两层含义：一是学术信息免费向公众开放，它打破了价格障碍；二是学术信息的可获得性，它打破了使用权限障碍。开放存取的目的是促进学术信息的广泛交流及资源共享，促进利用互联网进行学术交流与出版，提高科学研究成果的产出率，使世界各国的研究人员都能平等、有效地利用人类的科技文化成果。

（三）开放获取资源的两种实现形式

实现学术信息开放存取的主要途径有两种：开放存取期刊和开放存取仓储。目前美国和欧洲国家已经通过开放存取仓储和开放存取期刊两种途径来探索开放存取出版模式。

1. 开放存取期刊

开放存取期刊与传统期刊一样，对提交的论文实施严格的同行评审，从而保证期刊的质量。为读者提供免费访问服务。相对于传统印本期刊而言，开放存取期刊由于以网络电子期刊为主，所以其出版成本和传播成本已经大大降低，主要采用"作者（或机构）付费出版，读者免费使用"的运行模式。其存在和发展为重建以研究人员为中心的学术交流体系发挥了重要作用。另外，开放存取期刊也开始得到传统的文摘索引服务商的认可并成为它们收录的对象。

2. 开放存取仓储

开放存取仓库不仅存放学术论文，还存放其他各种学术研究资料，包括实验数据和技术报告等。开放存放仓库一般不实施内容方面的实质评审工作,只是要求作者提交的论文基于某一特定标准格式(如 Word 或 PDF),并符合一定的学术规范。开放存取仓库包括基于学科的开放存取仓库和基于机构的开放存取仓库。学科仓储是某些学科所利用的,目的在于研究资料的共享和保存。这些仓储在各自的领域参与的程度很高,目前所涉及的学科领域主要包括古典文学、哲学史、经济学、化学、认知科学、数学和物理学等。机构仓储是大学创建的知识产品的数字化档案库,提供给校内外的终端用户利用,没有或只有很少的限制。机构可以独立创建,也可以参加到州或地区性联合体之中。世界不少知名大学宣布,可应用开放使用出版模式来发表研究成果。

(四)开放获取对图书馆信息资源建设的影响

1. 对信息资源建设战略的影响

(1)信息资源建设环境日益开放和国际化

印本期刊时代,资源的甄选、采集、组织、揭示、服务都以人工方式完成,即使用计算机代替手工实现了流程自动化,上述工作也只能在离线状态下完成,因为印本期刊没有自己的独立网站,无法通过互联网提供开放式服务。普通数据库也如此,数据库提供商需要通过控制购买者的用户数量,来增加库的销量,因此,也不会提供开放式服务。OA 期刊和知识库有自己的网站或网址,通过互联网面向全球用户开放,对使用者数量、身份、国别不设限制,数据是动态的实时更新。不同国家的科研机构、大学同时建设机构知识库、创办 OA 期刊,打破了以往资源建设环境各自为政的封闭状态,突破了地域国别的界限,将资源建设工作置于一个更加开放和国际化的环境中

(2)越来越多的学术期刊采用互联网在线方式出版发行

互联网不仅改变了人们的阅读习惯,也造就了不可估量的网络阅读市场。出版商也意识到,与印本期刊相比,在线期刊可以大幅降低出版成本,缩短出版周期,并赢得更广泛的读者。为此,国外出版巨头经过艰难的博弈后纷纷选择了在线出版。国内学术期刊出版没有像欧美那样形成垄断,OA 期刊对印本期刊出版利益的冲击小得多。近年已有越来越多学术期刊建立自己的编辑部网站,推出在线期刊,可免费全文检索下载过刊文章。例如:中国科学院的《应用数学学报》中文版,北京大学的《数学进展》等。国内学术期刊出版政策正由印本向数字化出版转变。

(3)对图书馆基础设施建设的要求更高

目前,欧美很多大学、科研机构已将知识库作为图书馆一项基础设施来投入和建设,机构知识库的创建、维护和服务已逐渐成为图书馆资源建设的重要内容之一。机构知识库不同于普通数据库,后者虽提供在线服务,但属于封闭式局域网有偿服务。用户数量受数据库销售商严格控制,不可以无限制发展。机构知识库也不同于特色数据库,特色库通常收集了

某地区在人文地理、民俗风情、社会传统等领域与众不同的相关文献数据。机构知识库收录的是机构内部产生的科研成果,它不但可以长期保存、积累科研产出,利于统一集中管理,而且可以深度挖掘和揭示机构内部的成果资源,彰显机构整体研究实力和研究水平。

2.对信息资源馆藏结构的影响

目前,国内图书馆的馆藏结构基本上以印本文献数字化与数据库或印本文献与数据库为主,这实际上是封闭式网络与收费的模式。OA资源则完全不同,采用的是开放式网络与免费的模式。当某种期刊以印本期刊数字化(或数据库)和OA期刊两种不同版本同时作为馆藏出现在检索结果中时,毫无疑问用户更愿意选择后者。随着时间的积累,OA资源的稳定性和连续性日渐成熟,被更多的人所了解和熟悉,利用率将不断上升,而数字化版(或数据库)的利用率会逐渐萎缩。届时,馆藏结构势必做出相应调整,资源建设重心将从印本资源向OA资源转移。

3.对信息资源共建共享的影响

国内图书馆及信息机构为实现信息资源共享做了大量共建工作,取得了明显成绩,实现了本系统、本地区、共建单位或某一范围IP地址的共享。系统内部人员使用时,可免费浏览、下载、打印,实现了开放获取。外部用户使用时,则需申请、注册、开通账户、预付款等一系列手续,这些用户得到的是不平等的封闭式网络加收费的服务。OA则不是面向某一特定群体开放,它倡导和践行的是不分国界让人类平等获取知识,打破了以往行业、系统等条块分割的壁垒,给图书馆现行服务方式带来了挑战。OA的优势在于:利用互联网传播,速度快受众面广,提高了馆藏可见度。从用户角度考虑,可在任何一个地方和不同形式的终端登录,不受时间和距离的限制,使用方便快捷;无须支付获取费用,节省了时间和经济成本;消除了用户在使用过程中可能发生的侵犯作者相关权利的法律风险。从作者角度考虑,作品一经上线,全球读者即可阅读,扩大了作者及作品的影响力和知名度;作者保留版权而不是移交给出版商。

第二节 智慧图书馆的资源建设策略

高校智慧图书馆的信息资源建设,既包括印本资源建设,也包括数字资源建设,还应包括免费学术资源即开放信息资源的建设。

一、智慧图书馆印本资源建设

(一)智慧图书馆采访工作的智慧化管理

采访工作由"与读者脱节"走向"强化征询读者意见"。馆藏是图书馆赖以生存发展的物质基础,文献采访作为馆藏建设的第一个步骤,采购水准的高低无疑将直接对图书馆的运作效率的高低产生影响。传统的文献采购倾向于自上而下的采购,直接利用文献的读者常常处于资源建设的最末端的弱势地位。图书馆的服务对象是读者,这是图书馆永恒不变的准则,图书馆释放出其所存在的价值的唯一途径是读者的参与和使用。读者作为图书馆馆藏服务的对象、中心、目的、动力、检验者,图书馆的各项服务都需要体现"以读者为中心"的核心理念,这才能符合智慧图书馆"以人为本,可持续发展"的内在特征及"以人为本、绿色发展、方便读者"的灵魂与精髓。可以看出,为了适应智慧理念的发展,图书馆馆藏资源的采购需更加倾向于开放化、个性化、大众化,而不仅仅局限于少数采访馆员的研究领域和个人观点。理想的情况是,所有读者均可自由地提出个性化的文献采购要求,图书馆也要据此满足读者相应的文献需求,从而真正意义上实现信息获取的人人平等。实现馆藏资源的采购由"局限于少数有权采购文献的人员"走向"读者的每个文献需求的全面开放",即文献资源的采购对准读者的文献需求,而实现的方式有读者决策采购,图书馆荐购系统等。2012年5月20日,南京大学图书馆主页的"智慧图书馆服务"系统正式上线,其中的"BOOK PLUS"中的荐购绿色通道,搭建了一个用户向图书馆传达自己的信息需求的平台。资源采集重点由"图书馆内部采购馆员的决策权"向"读者需求"的倾斜有效排除了相关性低、利用率低的信息,实现读者需求表达渠道的畅通及表达的有效传达将提高采购馆员的工作成效,同时也减轻了采购馆员的工作量,这也有助于将有限的图书馆经费最大限度地满足用户的个性化需求,强化了借阅者与图书管理平台的对话,借阅者与馆藏资源的互联互通。

(二)智慧图书馆馆藏管理的智慧化

RFID管理系统是实现纸质资源智慧化的有效途径,通过对物联技术的运用,对图书馆采编、排架、流通等业务流程进行优化。目前,很多图书馆的在架书籍都配备了独一无二的电子标签。

(三)智慧图书馆馆藏存储的智慧化

纸本文献的远程合作存储。为解决物理空间紧张和图书馆致力于对实体馆藏的维护之间的矛盾,远程存储是个有效减少馆内开架书库实体馆藏的途径。远程合作存储使各分布式的图书馆共同构建异地的、高密度的、可长期保存纸质文献的存储设备,各分馆拥有本馆所存放文献的所有权,也可选择资源共享或转让文献所有权。各分馆的读者都有权力访问本馆远程存储的资源。在智慧化环境中,图书馆首先要明确它的使命和角色,并依此制定馆藏发展策略。比如:有些图书馆致力于提供对近期学术资源的获取,一些馆更多的是承担长期保存低利用率文献资源的职能,但未来的智慧图书馆的趋势是传统的作为保存纸本文献的图书馆正在转变为学习空间、交流中心、创新中心、创客中心,因此,可以推断的是,减少馆内低利用率的纸本文献的空间改造是智慧图书馆的发展趋势之一。

二、智慧图书馆的数字资源建设

我国高校图书馆所引进的数字资源几乎涵盖了所有的数据库类型,有期刊、报纸、电子图书、学位论文、会议论文、科技报告、法律法规、专利标准、年鉴、参考工具、多媒体资源等多种类型,在多种文献类型中,数字期刊、电子图书、学位论文是引进最多的资源。

(一)高校智慧图书馆数字资源建设存在的问题分析

1. 数据库重复建设较为严重

一方面,数据库自身建设重复。比较中国学术期刊全文数据库和中文科技期刊全文数据库就可知,两个数据库包含的期刊都有 8000 多种,中国学术期刊全文数据库主要收录的是社会科学方面的期刊,兼收有部分科技类核心期刊,而中文科技期刊全文数据库主要收录的是科技方面的期刊,兼收有部分社会类核心期刊"两个数据库收录的期刊有大部分都是重复的,但各有侧重点"如果学校是综合性院校,文理科都是重点学科,那么图书馆在购买数据库的时候就要考虑同时购买这两个数据库,势必造成重复购买某部分数据。

另一方面,自建数据库重复建设情况也很严重。例如,在学科导航库建设方面,存在多个高校图书馆同时建设同一学科的情况。上海交通大学、北京航空航天大学、北京工业大学、电子科技大学、清华大学 5 所图书馆同时建设了材料科学与工程学科的学科导航库。CALIS 重点学科网络资源导航库共有 54 家高校图书馆参与建设,完成了 217 个重点学科的导航库建设,基本覆盖了我国高校主要重点学科。

2. 数据库建设缺乏统一的标准

数据库建设的标准化、规范化是实现信息资源共建共享和文献信息检索自动化的重要基础和前提之一。数据库建设的标准化主要表现为两个方面:一是数据库管理系统的标准化;二是数据库数据著录的标准化。在数据库管理系统的标准化方面,具体表现在基于数据库管理系统的标引系统、检索系统和操作系统等的多种多样,数据库格式、字段不一;数据的标引、分编、检索点选取没有统一的标准和严格的质量控制,由此造成数据库的兼容性和互操作性差,原始数据处理不完备、不准确、不规范、不统一,从而影响了数据库的共享,限制了数据库作用的发挥。

3. 自建的数据库少,质量也不高

我国高校图书馆自建特色数据库中全文型数据库较少,而且建库工作基本停留扫描在已有的文献上,对文献进行深层次加工的特色数据库也不多,并且有许多高校同时建设同一学科的学科导航库,难免出现重复建设的情况。对于已建成的数据库很多高校使用 IP 进行限制,仅供本校用户使用,这在一定程度上违背了建设特色数据库的初衷,降低了数据库的利用率。

4. 据库容量较小

我国高校图书馆数字资源建设的范围比较广,虽然各馆均在开发特色馆藏资源,但是数字资源建设的容量不足,大部分数据库的容量较小,且链接的资源较多。数据库的规模与发达国家比较差距甚远,如美国的 OCLC 拥有 300 多种语言的书目数据 4000 万条,馆藏信息 5 亿条,而中国学术文献网络出版总库收藏了 8200 多种中文学术期刊,2500 多条数据,学科专题数据库才 3000 个,学位论文数据库 70 多万条,相比之下差距甚远。

5. 大部分高校图书馆未实现数字资源整合检索

国内大部分高校图书馆在馆藏数字资源整合方面已经进行了有效的实践,并从简单的链接整合、导航整合向更高层次的跨库检索整合发展,但由于各馆受到技术、资金等方面的制约,资源整合程度水平不一。

(二)高校智慧图书馆数字资源建设的问题解决对策

1. 明确数字资源建设的规划与原则

资源建设规划是进行资源建设的纲领性文件,是对资源建设的目标、任务、方法、步骤等内容的明确规定。数字资源建设工作的首要任务就是制订资源建设规划。数字资源建设规划是数字资源建设工作的宏观指导,为数字资源建设工作提供政策性的标准和规范,为数字资源建设、数字资源服务与共享提供依据。

高校图书馆应该根据学校、图书馆的发展规划,学校学科建设情况,图书馆的购书经费等条件,制订数字资源的建设规划。建设规划应该包括数字资源建设的目标、方针、程序、模式、建设任务、建设重点、时间规划等内容。

数字资源建设应该遵循以下几个原则。

(1)需求原则

数据库的建设选题要立足用户需求,要考虑到教学和科研的实际需要,考虑其实用价值和需求程度。具体说来,一方面要满足读者需求,即数据库建设的最终目的是为更多的读者提供更大的便利,如果没有读者的需求,便失去了建库的意义;另一方面要适应学科的发展,要突出重点学科和专业的特色,紧密联系教学和科研的需求,以考虑对教学科研起促进作用,对社会发展和经济建设创造效益为准则。

(2)特色原则

未来高校图书馆是互联网的重要组成部分,特色是数字资源开发和利用的生命,没有特色就没有竞争优势和发展潜力。因此,特色数据库在内容选择和编排上应具有鲜明的资源特色,如民族特色、地方特色、学科特色等,形成特色优势,满足用户对特色文献信息的需求。要考虑本数据库是否在本行业乃至全国高校范围内具有特色权威性,是否是其他综合型数据库无法替代的。

(3)标准化与规范化原则

在数字资源建设中,必须遵循一套标准和规范的解决方案,以便实现数字资源的长期存储、相互操作和数据交换,达到分布建设、网络存取、资源共建共享之目的。因此,在技术平台的设计建造以及网络信息服务系统构造等数字化建设中,应始终坚持选择统一、通用标准,协调与规范,以及可兼容的应用性软硬件。

(4)共建性与共享化原则

网络信息时代,任何单一的高校图书馆都不可能也有必要将所有的信息资源收集齐全,而单纯依靠自身的信息资源、人力资源所开展的信息服务也不能满足读者日益增长的信息需要。在这种环境下,中小型高校图书馆更应积极参与到全国性、地区性或本系统的共建共享活动中,如数据库的联合购买,特色数据库的合作建设,馆际互借以及开展联机合作编目等。共建与同享可提高图书馆数字化建设的效率与效益。

(5)安全性与可靠性原则

图书馆在数字资源建设时要对大量的数字资源进行加工、存储、传递和管理,并利用网络对众多的终端用户提供各种信息服务,因此系统的安全性十分重要。在建设过程中要选择技术成熟、性能安全可靠的信息存储与网络设备,进行数据自动备份,采用先进的网络管理系统,并利用网络管理系统的监测、诊断、过滤、故障隔离、在线修复等功能确保网络系统的安全性和数据的可靠性。

(6)保护原则

许多历史悠久的高校图书馆保存了珍贵的孤本、善本、古代图片、照片等特藏史料。从保护资源的角度出发,各馆都采取了只藏不借的封闭式保护措施。一般说来,只对个别专业研究人员提供阅览服务。这样一来,大大影响了珍贵特藏史料本身学术价值和研究价值的开发利用。这类特藏史料急待采用数字化技术进行处理,并制作成数据库,提供用户浏览和检索功能。这一举措既有利于保护我国优秀的文化遗产,又有利于对文化遗产的研究、开发与利用。

2.加大力度引进中外文数据库

中文数据库商出于自身利益的考虑,大部分数据库是大而泛,数据量比较多,购买费用也比较高。高校图书馆在引进中文数据库的时候要综合考虑数据库的使用效果、学科专业建设、重复引进、经费投入等问题,合理引进中文数据库。在经费允许的条件下,根据学科专业建设情况,尽量多引进专业性数据库,满足多学科的教师和学生的科研学习需要。

另一方面,图书馆要在数据库的引进上变被动为主动。目前许多图书馆在引进数据库时缺乏主动性,绝大多数仍处在代理商上门推销的被动试用、接受阶段。我们应当通过多种渠道了解全球专业数据库的出版信息,变被动为主动,努力做好图书馆信息资源建设。

3. 加强高校图书馆自建数据库的建设

我国高校图书馆引进的数据库比较多,而自建的数据库比较少,自建特色库的质量也比较低,本身数据库的资源也比较少,基于以上问题,如何加强自建特色数据库的建设,笔者认为应该做好以下几方面的工作。

第一,集中精力收集具有某种优势的信息资源。收集本校师生论文/著作,建成相应的数据库,在图书馆主页上链接,提供给读者检索,是构建特色数据库的一个可行方法。同时收集相关收录和被引用情况,既能反映出学校科研的水平,又能提升服务层次,更好地显示出本馆数字资源的特色。高校图书馆还可以结合本地地方特色资源,建设具有浓郁的本地特色的数据库。

第二,对所收集的文献信息进行深度加工,形成一批质量较高的二三次文献。文献信息资源的深层次开发是图书馆信息化建设的重要内容。在信息化建设中计算机和应用软件等环境只是信息资源建设的主要技术条件和手段,而信息的组织、储存、加工、整理、规范、开发则是信息资源建设的重要基础性和关键性的工作。它直接关系到信息化建设效益,影响着国民经济的发展和科技的创新,是一件比软件、硬件配置更为重要、更为复杂、更为艰苦和更为持久的系统工程。深层次的文献信息资源的开发不仅是为了充分揭示图书馆的馆藏文献信息资源,更主要的是为了更好地提供利用。要抓好图书馆的信息化建设,促进文献信息资源的深层次开发,必须根据信息量化程度的难易、数据量的大小,统一规范系统数据,制订各专业数据库的建设规划、发展、标准和实施步骤,分工合作、有条不紊、分期分批地进行文献信息资源的全面建设。

第三,根据重点学科、重点课题,对国内外该研究领域的新观点、新思潮、新动向进行跟踪,提供定性、定量的专题报告和论点汇编,高校图书馆具有文献资源优势,丰富的馆藏特色文献为重点学科、重点课题数据库的建立储备了良好的资源基础。图书馆担负着学科建设的资料存储和资源建设的重要任务。有些高校已经成立某些学科领域的学科文献中心,因此,高校图书馆的重点学科文献相当丰富,文献内容的广泛性、系统性、连续性,有利于重点学科数据库的建设。例如,清华大学的建筑数字图书馆、北京林业大学的林木育种数据库、内蒙古大学的蒙古学特色数据库等建设都与本校的重点优势学科紧密相连。

4. 加强高校联盟,实现资源共建共享

由于经费短缺,再加上数字化资源价格的逐年上涨,使得高校图书馆数字化建设长远规划难以制订和实施。建议要通过立法来确保文献购置费在学校经费中所占的比例,教育部也应明确文献购置费的核定比例,并且加强监督和指导。另外高校之间以及相关的主管部门、厂商、系统商等要加强联盟,共同来想办法解决经费短缺问题。

实现各高校数字化图书馆之间的互连和资源共享,是数字化图书馆发展的必然趋势,也

是解决资金短缺的一个重要举措。资源共享的基础是共建,因此要在管理体制和资源配置方式上进行改革,变单一建设为集中建设,变封闭式管理为开放式管理,改变大而全、小而全的思想,避免重复建设,浪费大量的资金和时间。各馆要转变观念,树立全局意识,把自身建设放在资源共建共享的大环境中来考虑,积极参与数字资源的整体化组织与建设,通过紧密协作,统一规划,统一标准,在互惠互利的基础上制订高校数字化资源建设的整体目标。另外要根据各个馆的功能和定位,确定数字资源的订购范围,合理地分配各图书馆数字资源建设规模,尽可能地把各个图书馆的经费投入集中起来进行数字资源的整体规划,形成一个资源共建共享的运行机制,建设"大图书馆"的数字化资源,最终实现数字资源分布式存储和管理、集成化"一站式"检索和利用的格局。

5.加强数字资源整合检索建设

数字资源整合不能简单地理解为"库集合"和"库链接"。数字资源整合是一种数字资源优化组合的存在状态,是依据一定需要,对各相对独立的资源系统中的数据内容、功能结构及其互动关系进行类聚和重组,重新结合为一个新的有机整体,形成一个效能更好,效率更高的新的数字资源体系。数字资源的整合程度直接关系到其能否被高效吸收及利用。

(1)基于OPAC的信息资源整合

这是一种基于传统书目管理的整合模式,OPAC(Online Public Access Catalog,图书馆公共检索系统)是高校图书馆众多资源中利用频次较高的,如果能以OPAC系统为基础,整合更多的资源和服务将会极大的提高图书馆现在所有信息资源的利用率。现在高校图书馆都拥有自己的馆藏书目公共查询系统(OPAC),有少则几十万,多则几百万的编目数据,以OPAC系统为基础平台整合其他文献资源是一种比较容易考虑到的思路,其突出的优点是让读者在不知不觉中跨越馆内资源和书目服务的局限,方便地使用到馆外的或数字化的文献资源,而无须花时间和精力熟悉新的系统和操作方式。常见的做法有两种:一是通过Z39.50协议聚合不同的OPAC系统,整合生成联合的馆藏书目查询系统,这样的实践已经比较多,主要用于传统书目查询系统之间的整合;二是通过在以MARC856字段中记录电子文献的URL,实现在实体馆藏中揭示并链接全文电子文献的目的。

(2)基于跨库检索的信息资源整合

某个学科的文献资料可能包含在多种数据库中,尤其是交叉学科,读者要完成某个课题的检索,往往要通过多个数据库进行多次检索,才能将与该课题有关的文献找全。而每个检索系统都有各自的检索界面和检索方式,检索式构造规则、检索算符、检索字段等都不尽相同,这给读者的资源检索造成了相当的困难。如果能在同一个检索平台下,实现多数据库同时检索,将极大方便读者。对异构数据库进行资源整合与统一检索,将大大提高读者对信息资源获取的效率。跨库整合检索可分为两个层次:第一层次是检索界面整合;第二层次是实现数字资源系统间的分布式异构整合检索。

（3）基于资源导航的信息资源整合

资源导航系统指将信息资源的检索入口整合在一起，建立资源导航库，提供按信息资源名、关键词、资源标识等获取资源的途径。资源导航系统功能主要是帮助读者更加全面了解信息资源，供读者浏览或按一定的特征来检索，并提供该资源的检索入口。资源按其形式类型可以分成书目资源、期刊资源、数据库资源、电子图书资源、电子报纸、会议文集等，可以分别建成相应的导航系统。当前我国高校图书馆以期刊数字导航系统和数据库导航系统为主。为了使资源导航系统达到预期的功能，要确定揭示的内容，信息资源内容揭示的详细程度决定了资源导航系统功能能否充分发挥。每种形式类型的信息资源要揭示的内容是不同的，如建立期刊数字导航系统要揭示的内容包括刊名、关键词、学科分类、语种分类、出版商、ISSN、该刊的 URL、出版商的 URL、全文起始年限、期刊详细介绍等相关信息。资源导航系统一般都有以下几个基本功能：字顺浏览功能、分类浏览功能、关键词检索功能，这 3 个基本功能将帮助读者迅速找到信息资源，并利用超文本链接提供检索入口，对该资源进行全文或目录检索基于超级链接的信息资源整合。利用网络超文本链接特性，可以将文献的有关知识点链接起来，将有关的信息资源链接在一起，形成一个具有内在联系的有机整体，以方便读者利用各类信息资源为目的，这就是链接整合。在链接整合过程中我们应该注意以下几个问题。从读者方便的角度讲，链接点的设置应该越多越方便，但太多容易造成迷航。信息资源的分类一般都要按一定的原则来进行，资源的分类很重要，其分类是否科学、符合读者使用习惯等问题关系到能不能快速得到所要的资源。科学文献之间不是孤立的，而是相互联系、不断延伸的系统。文献的相互引证反映了科学发展的客观规律，体现了科学知识的累积性、连续性和继承性，以及学科之间的交叉、渗透。众多的学术论文通过引用与被引用关系形成复杂的引文网络，如果能在信息资源中利用超链接的特性通过参考引文把所有资源都联系起来，形成一种反映各知识点之间直接和间接关系的知识结构性网络体系，对于学术研究将是非常有价值的。理想的引文链接以参考文献为线索，将所有的信息资源都整合成一个具有知识关系的网络，是一种非常理想的、独特的整合方法。

三、智慧图书馆的开放信息资源建设

开放获取一直是近年图书馆学界研究的热点问题之一。之所以成为热点，主要原因是由于开放获取的出现让印刷型学术文献从出版媒介发行渠道以及传播和服务方式都发生了根本改变。近几年，国际上开放获取发展势头迅猛，越来越多的大学、研究院所、学术联盟或科研资助机构发布、强化已有 OA 政策，或创建知识库，甚至传统学术期刊出版商也已经陆续向开放获取出版领域转型，抢占 OA 出版市场，使 OA 资源数量快速增长。

智慧图书馆的开放信息资源建设策略应做如下改变。

1. 图书馆应根据本馆职责、任务及服务对象的需求，组织专门力量对OA资源进行专门调研

图书馆是外文期刊的主要购买和服务提供者，印本期刊OA化对订阅方式、采购预算、馆藏结构及服务都产生了影响。哪些刊属于金色OA，哪些属于混合式OA，各由哪些出版商出版？哪些OA刊可以长期保存，是否可以替代部分印本期刊？都是摆在图书馆面前的现实问题，亟须组织人力进行专门、深入的研究，为合理布局馆藏结构、优化资源配置、提升预算使用效率提供可靠、可行的参考依据。

2. 在图书馆网站首页开设开放获取专栏，以利于读者或用户清楚识别、使用OA资源

据调查，国内大学、科研单位及图情机构对国内外OA资源的组织有两种方法，一种是在图书馆网站首页上的"数据库导航""网络资源""电子资源"或类似栏目中对混合排列的OA与非OA资源逐一作简要介绍和地址连接；另一种是在网站首页开设"开放获取"专栏，对OA的概念、发展、知识库、自存档以及每一种OA资源等相关知识集中组织、逐一介绍。从资源利用的角度考虑，似乎后者的组织方式更值得推介，不但起到了宣传、普及OA知识的作用，而且能让使用者更清楚地辨识哪些属于OA资源，在使用方法和形态上与传统文献或数据库有何不同，更有益于OA资源的推广利用。资源建设工作的每一次革新，每一项新技术的应用，最终受益者都应该是用户。

3. 现行编目规则的修订或更换迫在眉睫

2010年6月发布的《资源描述与检索》（RDA，雷达数据采集子系统），以国际图联的《书目记录的功能需求》（FRBR，书目记录的功能需求）和《规范记录的功能需求》（FRAR）为框架，专门针对数字资源编目同时兼容印本资源书目数据，适用于包括远程访问等各类数字资源的著录，是目前最新的国际化编目规则。与现行国内著录规则相比，"RDA关于数字资源著录的条款更多，规定更具体，内容更丰富"。尽管对RDA是否适用于中文文献著录、使用效果尚不清楚，但以发展眼光看，编目工作的国际化、标准化、统一化是趋势。RDA中文版问世后，图书馆应积极探索用其著录中文文献的可行性。鉴于RDA的灵活性，甚至可以考虑向其制定者英美编目条例修订联合指导委员会（JSC）提供针对中文文献著录的修改细则。RDA的应用将有利于国内外馆际之间书目信息交流与共享。

4. OA资源作为一种优质学术资源，应成为馆藏资源建设的重要组成部分，以推动馆藏资源的广泛共享，提升馆藏利用率和显示度

据调查显示，国内图书馆的馆藏利用率平均在30%～40%，而这个数据的理想状态应该是70%～80%。现实与理想差距过大，说明信息在传递过程中遇到了障碍，其中共享方式是

重要因素。开放是共享的前提,没有资源的开放,就不可能实现广泛的共享。图书馆应从发展战略、采购预算、馆藏结构、组织揭示、服务提供等资源建设各个环节对 OA 资源予以计划安排。特别是科技管理部门的政策支持是 OA 资源建设快速、健康、可持续发展的重要保证。资源建设的出发点应从两方面入手:一是合理安排预算,用有限经费实现最佳资源配置;二是尽最大努力满足用户研究、教育和学习的需求。因此,图书馆应尽一切可能为用户提供使用上的便利,创造条件使知识交流渠道更加畅通。

第三章　智慧图书馆馆员队伍建设

在智慧图书馆的概念中，人的因素是相当重要的，其中包括馆员和读者。馆员在智慧图书馆建设中起着不可或缺的作用；任何先进的技术离开了人的主观能动性，其创造性都会受到很大的影响。在智慧图书馆建设中，图书馆不应该仅依赖花费巨额资金采购的各种智能设备，而应该重视馆员在其中所发挥的主观能动性和创新性，任何脱离了馆员的智慧图书馆建设都是在浪费经费。因此，在智慧图书馆建设中，我们不仅要关注使用了多少智能设备、设备有多先进，还应该重视馆员素质的提升，从而可使馆员为读者提供更高水平、更专业的图书馆服务。

第一节　智慧馆员的概念与岗位设置

智慧馆员是在智慧图书馆建设过程中产生的概念。智慧图书馆建设对馆员提出了更高的要求，馆员要适应图书馆的新服务模式，将知识服务跃升为更为主动、专业和个性化的智慧服务。

一、智慧馆员的定义

2021年8月在中国知网分别以"智慧馆员"和"智慧图书馆馆员"为关键词进行检索，所获文献较多。但真正在文章题目或关键词、主题词中涉及智慧馆员的文章寥寥无几，绝大部分的文献仅是与"智慧""馆员"相关而已，即在智慧图书馆建设中提到对智慧馆员的能力建设的探索。在这些文献中，被引用次数较多的是英国图书馆研究人员伊安·约翰逊的文章，他在文中提到"知识工作者"一词，他认为在智慧图书馆建设中，馆员不应该破坏读者的各种行为习惯，应借助各种智能设备为读者提供更快、更好的服务。国内首次给"智慧馆员"定义的是许春漫，其认为智慧馆员具备一定的学科背景，经过相关的专业训练，能满足读者个性化、专业化知识服务的需求，且可以培养智慧读者。这是从智慧馆员所应具备的素质和承担的责任出发来定义的。后来金敏婕也对智慧馆员进行了定义，认为智慧馆员应从读者的目标出发，能深度理解与分析知识结构，并将这些应用在工作中，从而为读者提供个性化、情景化的知识服务。林嘉乔认为，智慧馆员应具备掌握现代化技术的能力，利用智慧方法进行信息收集、分析等，并且能与其他职能部门一起整合资源和提供服务。

从上述对智慧馆员的定义可知，这些定义的框架基本上是智慧馆员应具备一定的能力，并承担一定的责任,这些定义基本上要求智慧馆员掌握一定的现代化信息技术,为读者提供个性化、智能化服务。因此,从这些定义中可以发现,智慧馆员只有掌握智慧图书馆涉及的各种信息化技术,才能为读者提供智慧服务,这也是智慧馆员最大的特征。目前国内外对"智慧馆员"的定义尚未统一,也少有学者对该概念进行定义。笔者认为,随着技术的进步与智慧图书馆建设的推进,"智慧馆员"的定义会动态发展,对"智慧馆员"的要求也会不断变化,这或许是较难定义"智慧馆员"的主要原因。

二、智慧馆员的角色定位

(一)馆员角色的演变

科学技术是第一生产力,科学技术驱动着图书馆向前发展,从古代藏书楼到近现代图书馆,再到随着技术革新而发展的数字图书馆、移动图书馆、智能图书馆,最后到智慧图书馆。不同时期馆员的角色也在不断演变,一般而言,馆员具有图书馆管理员、参考馆员、学科馆员、嵌入式馆员和智慧馆员等角色。这五个角色并不是后者对前者的替代,而是在技术推动下图书馆出现的新角色,他们所要提供的服务逐渐深层化和个性化。这五个馆员角色分别对应不同的图书馆服务阶段。一般认为,图书馆服务经历了文献服务阶段、信息服务阶段、知识服务阶段、嵌入式服务阶段和智慧服务阶段。

在文献服务阶段,馆员在古代藏书楼时期由于重视对图书馆文献的收藏,只负责藏书的保存和借还工作,而不重视对馆藏文献的开发利用,主要承担图书馆管理员的角色。随着计算机的出现,图书馆进入数字图书馆时期,图书馆意识到文献加工整理的重要性,便开始为读者提供参考咨询等服务,于是进入信息服务阶段。在信息服务阶段,馆员主要承担参考馆员的角色,被动地回答读者的问题,且回答的问题相对简单,如馆藏布局、读者指引、文献导读等。随着技术的发展和馆员主动服务意识的增强,图书馆步入知识服务阶段。在知识服务阶段,馆员主要承担学科馆员的角色,重点在于将图书馆服务与教学、科研等相结合,努力将自己变成某个领域的专家,所以一般需要具备一定的专业背景。随着信息化的推进和图书馆服务主动性的进一步加强,图书馆进入嵌入式服务阶段。在嵌入式服务阶段,馆员主要承担嵌入式馆员的角色,围绕着读者,为其提供专业的、随时随地的服务,并且能够主动将图书馆服务嵌入教学与科研中,成为项目组成员、某个领域的信息专员或数据专家。在嵌入式服务阶段,馆员不再将工作地点局限于图书馆,而是经常深入院系、科研单位等,了解读者的真实信息需求。随着智慧图书馆建设的推进,馆员正经历着由嵌入式馆员向智慧馆员的转变。智慧馆员努力将知识,信息和数据转变成智慧成果。

我国学者侯明艳将馆员的这五个角色绘成模型(图书馆管理员—参考馆员—学科馆员—嵌入式馆员—智慧馆员),认为馆员的五个角色构成了一个金字塔,其中智慧馆员处于塔尖位置,表明人员所占比重最小,同时显示出其地位也最高。馆员的五个角色是技术与时代发展的产物,但这并不意味着同一时代的图书馆馆员角色是一样的。由于经费和技术的原因,当前我国能进行智慧图书馆建设的图书馆较少。因此国内真正能称为智慧馆员的也极少,绝大部分还处于学科馆员和嵌入式馆员的阶段。同时,即使在同一图书馆内,由于所处的岗位不同,馆员所承担的角色也有所不同。一个图书馆不可能所有馆员都是智慧馆员、嵌入式馆员等,根据岗位不同,馆员所承担的角色也不一样。因此,在同一个图书馆中,不同角色的馆员会并存。如在同一个图书馆内,可能同时存在图书馆管理员、参考馆员、学科馆员和嵌入式馆员,这是由分工不同而产生的。但智慧馆员的素质与胜任能力要高于其他馆员,这是岗位职责所决定的。智慧馆员是智慧图书馆建设的核心组成部分,在很大程度上决定着智慧图书馆建设的水平,其依靠新一代的信息技术,为读者提供智能化、个性化的智慧服务。因此,智慧馆员是智慧图书馆发展的必然产物,是技术驱动图书馆发展的结果。

(二)智慧馆员的角色定位

国外图书馆很少专门设置智慧馆员,对智慧馆员的角色定位也极少涉及。西悉尼大学图书馆设置了智慧学习馆员,角色的定位主要是对读者提出的问题进行评估、给出搜索策略的建议、给出数据库使用的建议、帮助读者发现和修改写作中的错误等。与之相反的是,智慧馆员并不会亲自为读者做这些具体工作,仅仅提供建议而已,如他们不会阅读、校对或编辑读者的参考文献。国内对智慧馆员的角色定位都从理论探讨出发,没有从具体的智慧馆员岗位设置出发,与实践探讨还有一定的差距。金敏婕在对智慧馆员的概念进行定义之后,也对其角色定位进行了探讨,认为智慧馆员的角色定位为阅读引导员、智能学习员、首席数据官。智能学习员的定位与西悉尼大学图书馆的智慧学习馆员的提法类似。阅读引导员可引导读者在智慧图书馆内进行高效的学习与阅读;首席数据官的提法也借鉴了国外的提法,相当于国外的图书馆数据专家。陈凌分别从技术层面、服务层面、馆员素质层面等角度对智慧馆员提出了掌握新一代技术、提供个性化服务与创新服务、提供知识挖掘服务和知识增值服务等要求。

国内外对智慧馆员角色定位的研究极少,主要是目前在智慧图书馆建设方面做得很出色的并不多,专门设置智慧馆员的图书馆更是极少。因此,国内外图书馆科研人员较难对其角色定位进行研究。在现有的研究中,基本上还是在智慧馆员概念的基础上进行重新细化描述,并无新意。结合西悉尼大学图书馆及国内专家学者对智慧馆员的角色定位,笔者认为智慧馆员的角色定位有问题解决专家、智慧学习馆员、首席数据家、"营养师"与贴心服务者等。

1.问题解决专家

问题解决一直是馆员应该面对的事情。不管图书馆处于何种发展阶段,其本质都是给读者解决问题,只是解决问题的深度与广度不同。由于解决的问题不同,馆员所承担的角色也不同。不管所承担的角色如何,馆员都要解决其岗位面临的问题,此时他就是专家。如在古代藏书楼阶段,馆员承担图书馆管理员角色,主要解决的问题是帮读者尽快找到想要的图书并为其办理借阅。所以在古代藏书楼阶段,馆员在帮助读者寻找图书时就属于问题解决专家。但随着技术的发展,馆员所承担的角色不同,所处理的问题也有所不同。正如前文所探讨的,在同一个图书馆中由于馆员所处的岗位不同,可能同时存在图书馆管理员、参考馆员、学科馆员和嵌入式馆员。在智慧图书馆建设中,智慧馆员要扮演好问题解决专家的角色,同时承担图书馆管理员、参考馆员、学科馆员和嵌入式馆员多个角色。只有具备以上这些角色所拥有的能力,智慧馆员才能对读者的信息需求有求必应。智慧馆员作为参考馆员,能够回答读者有关图书馆活动服务、功能区域划分、借阅规则、智能设备使用等方面的问题,具备解决读者最基础问题的能力。作为学科馆员,智慧馆员应通过新一代技术更全面地了解国内外学科专业知识的发展,并掌握本校专业建设情况及馆藏需求,从而立足于教学与科研的需求,对馆内资源与馆外学科前沿知识进行加工处理,生成最新的学科知识发展前沿报告,实现知识服务升级。作为金字塔顶端的智慧馆员,除了具备学科馆员,参考馆员等应具备的能力外,还应掌握专业的图书情报基础知识,掌握新一代信息技术,利用这些专业知识和先进技术,敏锐地获取专业发展信息,并深入挖掘馆内读者的需求,主动嵌入教学与科研中,为读者提供优质、高效、个性化、智能的服务,从而解决智慧图书馆建设环境下读者提出的各种问题,提升图书馆服务水平。

2. 智慧学习馆员

智慧学习馆员主要辅导读者在智慧图书馆中更好、更快地学习,重点培训读者掌握智慧图书馆中各种新信息技术的使用方法,从而帮助读者提升学习、科研效率。由于国内外专门设置智慧馆员的图书馆极少,故使用百度、谷歌等主流搜索引擎很少能搜索到相关结果。因此,对智慧馆员所应承担的角色也较难界定。西悉尼大学图书馆是本次研究中仅有的设置智慧馆员的图书馆,且其智慧馆员的名称为智慧学习馆员,可见智慧学习馆员的角色非常重要。西悉尼大学图书馆为读者提供的智慧学习服务包括:一是帮助读者访问各种自助资源,二是在线图书馆馆员会在图书馆工作时间内提供作业帮助服务,三是帮助读者提高学术写作能力和学习技巧,四是帮助读者寻找最佳信息和参考资源,五是为所有读者提供数学和统计概念的教学培训。

具体到智慧学习馆员,正如在前文中提到的,西悉尼大学图书馆为读者提供学习方面的建议,而不会去帮读者完成具体的工作。如图书馆会对读者提出的问题进行评估而不会帮读者做作业,会给出搜索策略的建议而不会帮读者搜索,会给出数据库使用的建议而不会帮读者进行文献检索,会帮读者学习如何发现和修改写作中的错误而不会帮读者阅读、校对或编辑作品,会为读者参考引文提供建议而不会帮助读者校对阅读或编辑参考文献。可见西悉尼大学图书馆的智慧学习馆员主要是培养读者在智慧图书馆中自主学习的能力。

3. 首席数据家

智慧图书馆建设中会产生各种来源和各种结构的数据,包括结构化数据、非结构化数据和半结构化数据。特别是非结构化数据,在智慧图书馆建设之后会越来越多。非结构化数据是很难进行挖掘和分析的,所以难以发挥其真正的价值。但非结构化数据在读者画像分析和科研工作中发挥着重要作用。现在图书馆已经步入数据驱动发展阶段,数据服务越来越重要。此部分数据包括各种类型的数据,只是在智慧图书馆建设中非结构化数据的比重及重要程度越来越高。

在智慧图书馆建设中,智慧馆员首席数据家的角色显得越来越重要。作为首席数据家,或数据专家,其应履行以下职责:一是为本校师生提供数据生命周期全周期的服务,从数据产生到数据保管,都要提供专业辅导;二是了解师生的数据需求,帮助他们做好数据管理规划,减少其在时间与精力上的浪费;三是培训师生获取、加工、分析数据等的方法、技术等,提高读者的技术素养;四是主动进行外部数据获取和馆内大数据分析等,生成专业发展前沿报告,为师生的专业发展提供重要参考。

4. "营养师"

智慧馆员可能是图书馆馆员,也可能是教师,也可能是科研工作者,当然还可能同时具备这些身份。首先,智慧馆员是图书馆的一分子,其身份首先是图书馆馆员。其次,智慧馆员具有专业素养和技术素养,完全具备从事相关教学工作的能力,所以国内外许多高校图书馆馆员同时从事教学工作。再次,智慧馆员也是科研工作者,不仅能独立从事科研工作,而且参与高校各个学科的科研工作。因此,智慧馆员可同时具有馆员、教师和科研人员的身份。智慧馆员身兼多个身份,掌握多种专业知识与技能,能为读者提供多种辅导,具体以读者的需求为主,起到"营养师"的作用。面向科研工作者,智慧馆员可以是馆员或教师;面向教师,智慧馆员可以是馆员或科研人员;面向学生读者,智慧馆员可以是馆员、教师或科研人员。扮演多个角色的智慧馆员,源源不断地为在校师生提供各种智慧养料。

5. 贴心服务者

服务是图书馆的本质属性,也是图书馆的职责与价值所在。图书馆普遍关注读者服务满意度,图书借阅量、入馆人数、电子资源下载量等指标,这些指标都是围绕读者服务设置的,可见服务质量在很大程度上被视为图书馆发展的生命线。在17世纪,布里埃·诺蒂认为开设图书馆的目的是为公众服务。图书馆在很早以前就把服务视为其存在的目的,随着图书馆的发展,服务理念越来越深入人心,图书馆普遍将工作视为"奉献""嫁衣"等,在服务过程中实现自己的社会价值和经济价值。

在智慧图书馆建设中,智慧馆员更应在服务中发挥图书馆的价值和实现自我价值。智慧馆员只有拥有专业的图书馆情报知识素养和相应的技能背景,才能在服务中体现自己的专业价值。智慧馆员在思想上、行为上要善于挖掘读者的需求,主动为读者服务,做读者的贴心服务者。

三、智慧图书馆环境中馆员和读者互动的变化

馆员与读者是图书馆的共同参与者,在智慧图书馆中亦不例外。在智慧图书馆建设中,新时代技术的大量使用,对馆员与读者的互动产生了一定的影响。随着技术的发展与大规模应用,读者对馆员的依赖性越来越小,独立性越来越强,能独立完成一些任务,如办卡,进出闸门、图书查询与借还等,这些都可以自行完成,不需要与馆员进行互动。因此,智慧图书馆建设在很大程度上对传统图书馆的时空进行了重构,也对馆员与读者的互动进行了重构,建立了新型馆员与读者互动关系。

(一)馆员和读者互动的时空发生变化

在传统图书馆中,特别是藏书楼模式下,馆员与读者的互动是以面对面的形式进行的,没有其他方式可选,这种互动模式在时间与空间方面受到很大的约束。在藏书楼模式下,馆员与读者在信息素养方面具有巨大差异,馆员可以完全掌握与读者互动的主动权,双方采取的是不对等的互动模式。随着信息化的发展,读者对图书馆的依赖程度降低,有更多渠道获取信息,同时在图书获取等方面的知识素养也得到了较大的提升。因此,在数字图书馆,移动图书馆中,馆员与读者的互动关系有所变化,与以往相比,馆员与读者进行沟通需要更高的主动性,且应更注重服务态度与服务质量。在这些模式下,除了面对面的互动方式外,馆员也开始尝试网络互动方式。在智慧图书馆建设中,馆员与读者互动关系进一步发生改变。读者对馆员的依赖程度降低,同时读者对馆员的要求也逐步提高。读者在智慧图书馆中拥有更高的主动性,与馆员的互动也更为对等。在智慧图书馆建设中,网络互动方式逐步增多,面对面互动相对减少。特别是在新冠肺炎疫情期间,网络互动方式明显增多。在网络互动期间,读者与馆员的互动更为平等,接受到图书馆的服务也更为公平,不会因个人面貌、学历、种族等因素受到不公平对待。由于网络互动方式增多,读者能越来越不受时空限制地向馆员咨询业务。因此,在智慧图书馆建设中,馆员与读者的互动时空在发生变化,馆员与读者的互动方式也在发生变化。

(二)读者对馆员的依赖程度下降,导致双方的关系更为松散

在信息化快速发展的今天,人们受网络的影响越来越大。人们越来越多地通过网络表达自己的想法,体现自己的个性。特别是随着短视频平台的快速发展,人们更愿意通过网络来进行自我展示。所以在智慧图书馆阶段,读者对图书馆的依赖程度下降,能方便、快捷地通过互联网获取信息,同时智能设备的易用性也帮助读者减少对馆员的依赖。在这种情形下,馆员应抛弃传统的思想,应以读者为中心,以读者想要的方式进行互动,如网络平台上的短视频建设,与读者重新构建交互关系。

(三)馆员和读者的博弈更加明显

读者获取信息的方式在很大程度上决定了馆员与读者的博弈关系。在传统藏书楼模式

下,读者获取信息的方式非常少,往往通过口口相传或者查阅书籍的方式获取信息。在那个时期,读者掌握的专业知识比馆员要少得多。所以在传统藏书楼模式下,读者非常敬重馆员,这是一种非常不对等的关系。但随着读者获取信息渠道的增多,获取方式发生了改变,读者能通过网络获取想要的资讯,对图书馆的依赖程度不断弱化。由于这种弱化,馆员在与读者的博弈中慢慢从被动服务向主动服务转变,从绝对强势向平等转变。在这个转变过程中,图书馆的权威性与优越性不断下降,读者要求的平等化逐步增强。所以在这个博弈中,读者的需求在改变,馆员的角色也应发生变化。图书馆不能再从自身角度出发,而应从读者需求出发进行构建。因此,在智慧图书馆中,馆员要承担更多的责任,如在管理与传播知识的基础上,还应承担组织活动、指导学习、促进技能学习等责任。

(四)馆员和读者互动出现新特征

在智慧图书馆阶段之前的读者一般是本校或者本行政区域范围内的。如华侨大学图书馆的读者一般是华侨大学的在校师生或校友,厦门市图书馆的读者一般是厦门市行政区域范围内的常住人士。同时,馆员与读者的互动一般以面对面的形式为主,能够实实在在地呈现在馆员的面前,虚拟方式的互动较少。在智慧图书馆阶段,馆员与读者主要通过网络互动,用语言、文本、多媒体等方式进行虚拟沟通。同时由于采取的是网络沟通,读者的传统界限将不复存在,读者极有可能不是图书馆所在行政区域内的人。因此,智慧图书馆下读者的概念已经弱化了物理概念,同时也弱化了具体形象,更多是采取去中心化的虚拟形式,这是智慧图书馆建设的一个新特征。这种交互方式给馆员与读者带来了很大便利,但也对馆员提出了新的要求。这种交互方式要求馆员能够同时在线与多个读者进行实时互动,强调互动的及时性与准确性。同时,这种互动可以以数据的形式记录下来,故馆员在与读者沟通时更应注重自身形象,注意自身的专业性。在互联网高度发达的今天,馆员与读者的互动处在全社会的监督下,应谨慎进行,不能因是虚拟化沟通便弱化馆员的角色与责任。

第二节 智慧馆员的能力构成

正如在前文中多次提到的智慧馆员的能力高低在很大程度上决定了智慧图书馆建设的成败,智慧图书馆建设离不开馆员的发展。智慧馆员是整个智慧图书馆服务的主要参与者,同时对整个智慧服务起到主导作用。智慧馆员在智慧图书馆建设过程中,如在项目立项、实施、试运行和后期运作等工作中,都发挥着重要作用。这些也是智慧馆员所应具备的能力,即智慧馆员的能力相对于参考馆员、学科馆员及嵌入式馆员等,应更为专业,这样才能对整个智慧图书馆建设有先见性,才能为读者提供知识增值服务。因此,智慧馆员的能力对智慧馆员本人和智慧图书馆建设都显得非常重要。智慧馆员的能力可依据其专业背景、职业能力、交流能力等多个方面进行筛选或培养。

一、智慧馆员的能力构成

(一)个人技能

个人技能与IT技能等相比比较隐性,较难进行衡量,又可称为软技能,对智慧图书馆来说非常重要。与智慧图书馆相关的个人技能有积极进取的思想品质、批判性思维、问题解决能力、人际沟通交往能力、灵活性与可靠性等。

1.积极进取的思想品质

在智慧图书馆建设中,面对日新月异的新技术和层出不穷的读者需求,智慧馆员需要始终具有积极进取的思想品质。智慧馆员只有不断进取,才能跟上时代发展的潮流,才能具有敏锐抓取读者需求的意识。如果智慧馆员怀着一颗一劳永逸的心,那智慧图书馆将很快失去其存在的价值,被时代所抛弃。技术在不断地快速发展,若智慧馆员不能紧跟时代发展潮流,那智慧图书馆所运用的技术将停滞不前,很快就会被淘汰。同时,随着世界的变化,读者的需求将不断变化,对智慧馆员的要求也在转变。智慧馆员只有怀着一颗不断进取的心,才能紧跟技术的发展,才能不断挖掘和了解读者的需求,从而真正发挥智慧图书馆的价值。

2.批判性思维

在智慧图书馆中,智慧馆员应能够使用创造性思维自行解决问题,并通过深思熟虑的分析做出明智的决定。批判性思维对每个行业都很有用,如医疗保健、工程、文化、教育。智慧馆员应能理解问题、进行批判性思考,并制订解决方案。进行批判性思考所需的技能包括创造力,解决问题的能力和好奇心等。批判性思维在智慧服务中显得尤为重要。在智慧图书馆中,读者的主动性、自我表达意识比以往任何时期都强,读者渴望更多地进行自我表达,在与馆员的互动中也更有主动性,甚至是进攻性。可见,在这纷繁复杂的环境下,智慧馆员应对读者的网络表达,以及在与读者的互动中应能够对沟通的内容、价值观、遇到的问题等有自己的批判性思维,坚持正确的舆论导向,而不应一味地满足读者的需求。

3.问题解决能力

每项工作都需要解决问题,只是解决的问题类型不同、难度不同。在智慧图书馆中,智慧馆员需要解决的问题更多。在智慧图书馆中,馆员从简单重复的工作中解脱出来,将更多的精力用于为读者提供个性化服务。而个性化服务,在很多时候是以问题解决的形式出现的。读者在智慧图书馆中可能面临智能设备使用、学科服务、数据管理等方面的问题。智慧馆员应该是强大的问题解决者,因为他们需要有效而迅速地作出决定,并且要尽量控制住自己的情绪,收集尽可能多的信息,让直觉、逻辑和创新思维推动自己制订最佳解决方案。智慧馆员成为一名出色的合作者并接受读者的想法和意见是非常重要的。智慧馆员不仅需要良好的心理素质,还需要良好的心态。能为问题做出切实可行的解决方案的人都具有出色的解决问题的能力。任何一个拥有正确沟通方式、耐心和良好协作能力的智慧馆员都将是优秀的问题解决者,那是因为他们对每一个问题都足够重视,能做到批判性地思考。

4.人际沟通交往能力

人际沟通交往能力,是指智慧馆员与周围的人进行交流和互动的技能。智慧馆员应具有出色的沟通技巧,能以更好的方式表达他们的观点并理解其他人的想法。沟通技巧包括说、听、移情和观察。成为一个好的倾听者是成为一个强大的沟通者的关键,智慧馆员在与读者进行互动时应既能分享自己的想法,又能耐心倾听读者的意见。

良好的人际沟通交往能力对智慧馆员尤为重要。在智慧图书馆中,馆员与读者的互动有很大部分是通过网络进行的,这种虚拟的、对等的、不受时空限制的互动提高了读者与智慧馆员的沟通频率。沟通是一把双刃剑,智慧馆员应掌握好与读者的沟通尺度,做到及时、准确、有度。万一未能处理好与读者的沟通,智慧馆员将承受巨大的舆论压力。

5.灵活性与可靠性

灵活性与可靠性相辅相成,因为灵活的馆员总是可靠的,反之亦然。智慧图书馆需要可靠、有责任感和可信度高的馆员。灵活的智慧馆员可以适应变化,完成超出其职责范围的突发任务,并在必要时改变他们的日程安排。同时,灵活、可靠的智慧馆员也愿意帮助他们的同事,即使彼此不熟悉,也能精诚合作,充分体现出团队协作精神。

(二)通用技能

通用技能是一种可应用于各学科领域的技能,又被称为"认知策略",或如许多认知科学家所说的"领域独立知识"。一般认为,通用技能主要包括思维能力(如解决问题的技巧)、学习策略(如创建助记符帮助记忆)、元认知技能(如监控和修改解决问题的技巧或记忆创造技术)。通用技能至少包含三个主要部分,最普遍的组成部分是程序——用来执行技能的一组步骤;其次,还需要了解并能够应用某些原则——为如何执行每个步骤提供指导,甚至指导何时使用哪个程序(方法);最后,经常需要记住步骤的顺序——一个记忆组件。

智慧馆员应具备的通用技能主要有终身学习能力、团队合作能力、领导力、创新性服务能力等。

1.终身学习能力

终身学习是一种以个人发展为重点的自发教育形式。虽然终身学习没有标准化的定义,但它通常指正规教育机构之外的学习。终身学习并不一定限于非正式学习,最好将其描述为以实现个人成就为目的的自愿学习。实现终身学习这一目标的手段,可能会形成非正式或正式的教育。无论是追求个人兴趣和激情,还是追求职业抱负,终身学习都可以帮助我们获得个人成就感和满足感。

终身学习对智慧馆员来说尤为重要。智慧馆员面对的是变化非常快的智能技术,也正是由于技术的发展,图书馆才从传统型向数字型和智慧型转变。技术不会等着馆员来适应,只能是馆员去适应日新月异的技术。不同技术环境对智慧馆员的技能要求也有所不同,而且呈现出要求越来越高的发展态势。从读者需求角度来讲,随着时代的发展,读者对图书馆的要求也越来越高、越来越多元化。面对技术与读者的不断发展变化,智慧馆员只有在不断的学习中提升自己,掌握扎实的图书情报专业知识,具有过硬的技术使用能力,才能对海量数据、多元化需求进行获取、分析,从而及时地满足读者的需求。为了适应不断发展的世界,以及实现个人的发展,读者也在不断学习中,包括读者对智慧图书馆各种功能的掌握。智慧馆员肩负着知识传递的使命,更应保持终身学习的习惯,保有学习驱动力,只有这样,才能在工作中通过不断学习获得提升。

2. 团队合作能力

团队合作是人们朝着同一个目标努力而付出的联合行动。团队的力量来自相互支持、良好沟通和分享。定义团队的其他特征包括相似的技能、自主权、明确的角色,明确的领导以及实现共同目标的资源。他们不仅有共同的目标,而且使用相同或相似的技能。当团队需要努力改进他们的角色定义或沟通技巧时,可以进行团队建设练习。一个团队需要一个指定的权威人物,这个权威人物能解决团队成员的分歧并作出决定。协作团队与传统团队略有不同,因为其成员具有不同的技能组合。尽管成员专业不同,但他们仍然有相似的目标、资源和领导能力。凭借他们多样化的专业技能,他们能够作为一个群体解决问题。

智慧图书馆与之前的藏书楼、数字图书馆、移动图书馆等的服务方式、手段、理念都有很大不同。智慧馆员所面临的环境更为复杂,因此对智慧馆员的要求也更高。在这种背景下,智慧馆员与以往相比更需要进行团队合作。由于个人专业知识的局限性以及精力的有限性,智慧馆员需要提升合作素养,协同发展,共同挖掘读者需求。

3. 领导力

领导力是指具有将他人放在合理位置并激励团队团结一致的独特能力。虽然很多人都渴望成为领导者,但并不是每个人都能成为领导者,这需要个人长时间的能力培养。在智慧图书馆中,每个智慧馆员都应具备领导力,这种领导力主要体现在与读者互动的过程中。虽然智慧图书馆建设让读者与智慧馆员的互动更为对等,但这并不意味着读者在这个过程中能起主导作用。与之相反,智慧馆员应在与读者的互动中处于主动地位,这样才能有理想的结果,才不会被读者的情绪左右,才不会因虚拟交流而被读者误导。因此,智慧馆员的领导力非常重要。

4. 创新性服务能力

创造力是一种以新的或不同的方式思考任务或问题的能力,或者是利用想象力产生新想法的能力。有创造力的人能够解决复杂的问题或找到有趣的方法来处理问题,会从独特的角度看待事物,能找到新的模式并建立联系以寻找机会。有创造力的人有一定的风险意识,表现出有动力去尝试以前没有做过的事情。

创新性服务能力对智慧馆员来说非常重要。在智慧图书馆中,馆员更需要具备发现问题、解决问题的能力,并且能借助新一代信息技术创新性地发现问题与解决问题。新技术为智慧馆员创新性地思考问题、解决问题提供了技术上的可能性。智慧馆员应充分掌握和运用新技术,但不能仅仅用技术替代馆员能力。智慧馆员应在新技术的基础上,对使用其能做哪些事情进行构思,以及对如何运用产生何种结果等进行智慧型探索。技术只是智慧馆员工作中的辅助工具,不能将技术等同于服务。面对虚拟化的沟通与管理、主动服务、个性化服务等,智慧馆员应顺应时代发展潮流,不断创新服务方式以提升服务水平。

(三)IT专业技能

智慧馆员应具备的IT技能是掌握新一代信息技术的能力,而一些基础的技术能力不应被纳入。因此,笔者认为IT专业技能主要包括数据挖掘能力和信息分析与预测能力。

1. 数据挖掘能力

正如维基百科中提到的,数据挖掘是从庞大的数据里集中提取有效信息,并将信息转化为潜在有用且最终可被理解的模式,以供进一步使用的一种方法。它不仅包括数据处理和管理,还涉及机器学习,统计和数据库系统的智能方法。数据挖掘技术往往涉及计算机科学技能、统计与算法技能等,是一种综合性较高的技术。智慧图书馆馆员所要收集与处理的数据与以往相比要多很多,且呈现加速增长的趋势,同时所要处理的数据类型也比以往多。因此,智慧馆员不仅要面对快速增长的海量数据,还要面对复杂多变的数据格式。智慧馆员要尝试深入挖掘这些复杂的、海量的数据。只有对这些海量数据进行挖掘,才能发挥海量数据的价值,才能更好地体现智慧图书馆的先进性与馆员的智慧性。在智慧图书馆中,智慧馆员不能仅仅会简单的操作系统管理和办公软件的使用,而应掌握高级的大数据挖掘技术,学会分类算法、聚类算法等技术,掌握数据分析软件的使用方法,这样才能在茫茫大海一般庞杂的数据中发现对读者有用的信息,提升图书馆的服务水平。

2. 信息分析与预测能力

信息分析能力是指收集和分析信息、解决问题和做出决策的能力。拥有信息分析能力的馆员可以帮助图书馆解决问题,并提高其整体服务水平。智慧馆员能够及时、有效地调查问题,并找到理想的解决方案。智慧馆员还能集思广益,观察、解释数据,整合新信息并进行理论化,同时基于可用的多种因素和选项作出决策。智慧馆员在进行信息分析与预测时,一般会用到层次分析法AHP、聚类分析法CA,时间序列分析法TSA等主流的分析方法。智慧馆员同时也应会运用文献分析软件Citespace、常用的统计分析软件SPSS以及软件R和Python等进行数据分析。信息分析是智慧馆员需持续做的事情,智慧馆员还需把分析的结果生成相应的研究报告或给读者提供有针对性的服务。智慧馆员应掌握的信息分析软件与方法甚多,故其应具备专业与多元的知识体系,并能敏锐地获取关键信息。

信息分析的目的在于发现读者的潜在个性化需求,或发现潜在的问题,从而为读者提供个性化服务或者作出及时的预测。根据信息分析的结果,智慧馆员可对读者需求、馆藏建设、图书馆服务,科研发展态势走向等作出预测,从而为图书馆管理及科研教学活动提供有力的支持。

第三节 智慧馆员培养策略

智慧图书馆建设是一个动态发展的过程,不可能在短时间内完成。它需要在实践中不断调整、修改和完善,同时智慧馆员也需要时间去适应、了解和掌握各种系统、智能设备等。因此,在智慧图书馆建设过程中,智慧馆员的能力也需要及时跟进,不断提升。

一、利用智慧开发公式理论,创新智慧馆员培养途径

"智慧开发公式"是最近几年才提出来的一种提升个人能力的方法,目前也有些学者将其引入图书馆馆员培养的相关研究。结合图书馆的职能、架构及智慧馆员的培训目的等多因素进行考虑,笔者认为智慧开发公式能够应用在智慧馆员的培养建设中。

(一)智慧开发公式模型

智慧开发公式主要考量对馆员应具备的知识、学识、见识及胆识的培养情况,以及智慧馆员好奇心与想象力的提升情况。但前面的"四识"与好奇心、想象力并不是一种简单的相加,因为智慧馆员拥有好奇心与想象力之后,再与"四识"相结合,能大幅度提升馆员的能力。除此之外,思考力也是非常重要的。

(二)其他智慧开发公式模型

除了姚国章提出的智慧开发公式模型,其他学者也对该公式表示了一定的怀疑,并提出了自己的见解。如杨林霞认为该公式存在几个疑点:第一,好奇心和想象力是获取知识、学识、见识及胆识的前提条件,学识是获得知识和见识的必经途径,因此将这些相加再相乘的逻辑不是很严谨;第二,思考力在智慧开发中起着重要作用,但作为好奇心和想象力总和的指数,有点夸大了其作用。基于以上两个疑点,她认为行动力(Action)在智慧开发中的作用更大,不能停留于大脑意识中,而应将其付诸实践,这样才能体现其智慧性,才能有客观的结果产生。

二、优化机构和岗位设置,提升服务效率

(一)优化智慧图书馆机构设置

机构与岗位设置在很大程度上影响着智慧馆员能力的培养与发挥。良好的机构与岗位设置能加强智慧馆员之间的协同发展,促进智慧馆员自我能力的提升。完善的组织结构和合理的岗位设置能营造良好的图书馆管理文化氛围。分工明确,责任清晰,才能激发智慧馆员的积极性。反之,智慧馆员就会消极应对,从而对智慧图书馆的发展以及智慧馆员能力的

提升带来负面影响。经过多次国内外图书馆网站调研,笔者没有发现真正关于智慧图书馆机构设置的报道,故认为可以从以下几个方面进行初步探讨。

1. 国外一流大学图书馆的机构设置

(1)哈佛大学图书馆

哈佛大学图书馆的机构设置可分为关系组和职能部门组,都由馆长统一负责。关系组是指哈佛大学依据本校学科发展情况,专门设置了社会科学主题图书馆等五个图书馆。职能部门组主要是为了履行图书馆的管理职责,而设置了信息与技术服务部等四个部门。四个职能部门对接哈佛大学的五个主题图书馆。

(2)麻省理工学院图书馆

麻省理工学院将图书馆分为行政部门、学术服务部门、馆藏部门、技术部门、发展部、执行部门、出版社及研究中心等。该模式下每个部门都有专业对接的服务,以便能更好地为师生服务。如学术服务部门可提供数据和专业服务、文献传递服务、研究指导服务等,能为师生提供专业的学术服务。

2. 国内"双一流"高校图书馆的机构设置

高校图书馆根据各馆实际情况设置了不同的模式,大致可分为三类:"部室"模式、"中心"模式和"部室＋中心"模式。"部室"模式是最基本的模式,存在很长一段时间,其又可细分为单一部室、"部室＋校区分馆"以及"部室＋学科分馆"。5～8个部室占大多数,尤其以5部室最为典型,它是基于传统的文献处理流程而设置的。5部室即采编部(资源建设部)、流通阅览部(读者服务部)、信息咨询部(参考咨询部或学科服务部)、系统部(信息技术部)以及办公室。

随着图书馆服务的不断深入和细化,部分新业务从原有部门脱离出来单独形成实体部门,新部门由此设立。如复旦大学、北京大学、同济大学等高校的图书馆设立专门的研究与评价部门,与校内职能部门及教学科研单位开展合作,负责对读者行为与需求、业务运行绩效、服务成效或项目实施绩效等开展评价;华东师范大学、中南财经政法大学、华中农业大学、华侨大学等高校的图书馆设立文化推广或文化传播部门,负责新媒体环境下各种图书馆资源与服务的推广与宣传,包括图书馆官方微博、微信公众号、抖音等平台的运营和管理,加强文化讲座、影视欣赏、读书节等校园文化建设;华东理工大学、中国矿业大学、兰州大学等高校的图书馆设立空间服务部门,负责充分挖掘并利用图书馆的空间为读者提供服务,包括各类展览管理、空间设计和改造、氛围营造、研讨间使用管理等;北京师范大学、清华大学、郑州大学、华侨大学等高校的图书馆设立特藏部门,该部门负责对校内原生资源及特色资源的开发与利用、对古籍珍藏的保存与展示等研究。传统部门的设立代表了图书馆的"根基"不可动摇,而新部门的设立则是对图书馆转型发展的进一步深化,代表了图书馆未来发展方向。

3. 智慧环境下的图书馆机构设置

我们可以学习国内外先进图书馆的经验,结合智慧图书馆自身的特点,对现有图书馆机构进行适当调整,设立以下几个主要部门。

(1)人力资源管理部

馆员素质对图书馆至关重要,因此,图书馆增设一个人力资源管理部是十分必要的。虽然图书馆在人员引进方面并非都有自主权,但是人员引进后的管理和培训等环节是比招聘什么样的人才更重要的步骤,只有当馆员具备自己岗位相对应的能力,各司其职又相互协作,才能以最高的效率发挥最大的效益,满足读者的需求。

(2)资源建设部

资源建设部主要负责纸质藏书与电子资源的建设,包括负责图书馆的资源采购、文献加工、典藏、地区资源整合、区域资源共建共享等,以及图书馆电子资源建设与管理等工作。资源建设部在智慧图书馆建设中起着重要的作用,因为资源是智慧图书馆评估中的重要环节。图书馆只有拥有丰富且优质的资源,才能让各种智能设备有使用之地,才能真正发挥它们的作用。

(3)公共服务部

公共服务部主要负责各功能馆舍的管理及各项读者活动的开展,包括图书、期刊文献资源的对外服务;负责学生助学团队及义工团队的管理和指导;负责馆际互借、共享馆(分馆)资源调配;负责捐赠接收、证卡办理及挂失等;负责读书日活动的安排及服务。公共服务部不仅要对空间进行管理,也要对书刊报纸、各种智能设备进行管理,同时开展相应的读者活动等。

(4)信息技术部

信息技术部主要承担整个图书馆各种系统与设备的维护工作,如对电子阅览室机房的维护管理,对图书馆管理系统、自助借还系统、公共检索系统的维护管理,对电子资源的咨询、检索与培训等工作。信息技术部既要保障智慧图书馆各种设备的正常使用,又要评估可能引入的技术与设备,确保智慧图书馆使用的技术与时俱进。

(5)资讯服务部

资讯服务部承担图书馆的学科服务工作,负责学校所有院系信息服务、企业信息服务、共享馆信息服务,负责专题数据库建设、区域共建共享知识培训、读者培训和图书馆人力资源培训,以及为院系提供专题信息资讯、学科发展前沿报告等。

(6)综合管理部

综合管理部是一个负责综合性事务的部门,与前面提到的人力资源部、资源建设部等专职部门不同,其主要负责图书馆资产管理、财务管理、计生管理、档案管理、宣传报道、读者交流、外事交流及部门公告、快报等工作。

科学合理的机构设置,是图书馆整体能够有序、系统和高效运作的保障。智慧图书馆要立足自身需求,结合实际情况进行顶层设计,以读者需求为中心,贯穿于机构重组的全过程,更要渗透于图书馆管理与服务的各个层面。首先,为满足读者不断变化的需求,图书馆要重视调动读者参与的积极性,可事先开展大规模的读者调研活动,收集和整理读者对图书馆的各项建议,为机构重组提供参考意见。其次,智慧图书馆的机构重组过程需要经历一个较长的摸索和调整阶段,并非一成不变,而是要根据内外部环境的变化及时做出相应的调整与优化。再次,图书馆要做好机构重组的效果评估工作,一方面要自我剖析和评价,明确自身的机构设置及业务开展情况能否满足读者需求,这有利于及时发现问题,并采用有效方案,将不利影响降到最低;另一方面可以聘请第三方机构进行评估,检验智慧图书馆的改革措施是否节省了经费,是否有效地提高了图书馆的读者服务水平和工作效率,是否深化了图书馆服务内涵、发挥了自身价值,是否为社会提供了全方位的资源与服务支撑。此外,个别传统的业务部门,如编目部可逐步淡化,甚至大胆地全部外包,将有限的专业人员扩充到资源建设或参考咨询部门中,将资源建设和咨询服务工作做大做强,夯实图书馆的服务基础。

(二)智慧馆员岗位设置

当前很多图书馆都存在人才缺乏的问题,解决这一难题的应急措施是外包非核心业务和提升馆员层次。随着外包业务的发展,图书馆可以把繁杂琐碎的手工性业务外包,从而集中有限人力开展智慧服务。积极培养有能力、有奋斗精神的馆员,通过继续培训或学历学位教育,为图书情报人员补充学科知识,为有学科背景的人员补充图书情报知识,使之成为合格的智慧馆员。在对原有馆员进行培训深造的过程中,要注重分类和分级的原则。根据原有馆员的年龄、学历、专业背景、原从事的岗位等方面,采取自愿与选拔相结合的方式,对馆员进行分类和分级培养。

同时,智慧图书馆还采用先进的技术手段来实现智慧运行管理。虚拟现实技术、无人借还技术、智能机器人技术的应用等,在很大程度上减少了对人员数量的需求,如取消图书借还岗、书库管理岗、期刊管理岗等常规服务岗位。智慧图书馆的运行管理以无人管理或少人管理和操作为目标,需要对图书馆传统岗位的结构模式进行创新和变革。智慧图书馆的馆员岗位宜精不宜多,"精"要在数量和质量上均有所体现,岗位可以按照绩效目标量化、任务明确、层层负责、制度约束的方式设置,并实施智慧管理,努力将智慧图书馆框架下服务体系的构建质量及其运行效果达到最优化。智慧图书馆主要考虑设置以下几种类型的馆员岗位。

1. 智慧数据馆员岗位

国外图书馆界为适应智慧图书馆的发展需求,及时对图书馆的服务模式和岗位设置进行转型和调整。值得注意的是,一些一流大学已经开始了数据素养教育工作,并确立了数据馆员制度，其对任课的数据馆员提出了较高的要求，包括岗位职责、任职能力、职业技能等方面。美国图书馆界率先设立数据馆员岗位。数据馆员将资源检索、学术交流、咨询、数据集成等服务延伸至数据层面，以期有效地发现、采集、共享和应用科学数据，使图书馆服务更具有针对性和实用性，从而为科学研究提供更便捷和高效的服务，确保读者更好地认识世界和解决实际问题。

当前我们正处于大数据时代，传统的图书馆员在面对多种多样的大数据时，往往会显得力不从心。而数据馆员能在数据层面开展、研究数据管理与服务工作，进行管理咨询、数据评估、管理计划、数据分析、数据存储、数据引文、数据出版、资源统一标识符制订等。由数据馆员提供的服务能够解决管理平台科研数据管理混乱、不统一，数据资源开放和共享困难，数据利用率低等问题。

在岗位职责方面，数据馆员负责参与智慧图书馆信息化平台中基础科学数据平台建设，负责科学数据管理咨询、服务宣传和培训工作，负责科学数据平台的可访问性、安全性和共享性，参与科学数据管理政策制定，负责数据提供者、数据使用者和各合作单位间的沟通与协调工作。

2. 技术运维岗位

智慧图书馆建设与之前的数字图书馆、移动图书馆等相比，使用了更多的新技术与智能设备，应用了新一代信息技术，包括人工智能、云计算等多种技术。智慧馆员要熟练掌握这些新一代信息技术，利用设备或软件进行信息加工、清洗、归纳总结、保存，从而实现信息的自由传播与共享，并为师生开展相关的指导或培训。智慧馆员可以通过知识发现平台、一站式服务平台等进行数据获取与分析，并向读者进行个性化推荐或提供研究报告。在智慧图书馆建设中，由于强调数字资源建设，重视资源数字化加工，故建议由专门负责数字加工的技术人员负责馆藏珍贵资源的数字化加工工作。

3. 知识型服务岗位

智慧图书馆各方面的运作和服务与之前的数字图书馆、移动图书馆等图书馆有所不同，在服务师生以及教学科研方面的深度与广度差异也较大。为了适应新时代读者的需求，更好地应用新技术，实现自助式的智能管理服务，图书馆的服务岗位设置应更多地体现出知识型服务。

(1) 场馆运行咨询服务岗位

场馆运行咨询服务岗位是一个比较笼统的提法，主要是以总服务台为主，同时兼顾一些特殊区域的岗位，从事图书馆阅读与活动的指导工作，包括活动策划、文化创新、知识培训等具体内容。该岗位设置数量较少，视读者数量以及开展活动数量设置1~3个。

(2) 资源开发服务岗位

资源开发服务岗位主要承担及时采集和发布最新、最前沿相关信息的责任。因此，该岗位的智慧馆员应熟悉本校重点学科、特色学科的国内外学术研究进展及实践,掌握最新的政策、技术与服务要求,熟练掌握相关的技术与数据库,通过现有的馆藏资源进行开发,为读者提供服务。

(3)战略伙伴型智慧馆员

战略伙伴型智慧馆员是指与学校的相关院系、部门合作,为学校提供专业的咨询服务的智慧馆员。战略伙伴型智慧馆员一般应具有图书情报专业背景知识,同时还要具备某个领域的专业知识。因此,战略伙伴型智慧馆员并不是通用型人才,而是某个领域的专家,原则上应具有硕士研究生及以上学历,并在相关领域有一定年限的工作经验。只有拥有这样的知识背景和经历,智慧馆员才能得到相关部门的认可,才能更好地开展专业合作,起到战略伙伴型关系的作用。

(4)深度服务型智慧馆员

战略型智慧馆员面向的是院系、部门等,而不是具体的人。深度服务型智慧馆员与之相反,面对的是具体的人而不是院系、部门等。图书馆可根据人手的情况来决定服务对象范畴,在高校教授的数量普遍较多,但智慧馆员的数量却很少,想深度对接那么多教授难度较大。故可以在教授职称的范围内选择学校重点学科或根据科研需求进行细化,为他们提供图书馆专业知识、技术支持,助力科研发展。

三、完善智慧馆员招聘准入机制

以建设智慧图书馆为根本出发点,从源头上制定符合其发展要求的招聘标准,招聘具备扎实的专业功底且有一定实践经验的馆员。此外,为更好地履行智慧图书馆的服务职责,需要因岗配人,为具有核心职能的岗位配置那些熟练掌握专业技术、具备较高信息素养的智慧馆员,从而最大限度地提升服务质量。

(一)国内外高校图书馆员的招聘要求

1. 国内高校图书馆员的招聘要求

国家图书馆于2021年进行了专门的智慧馆员招聘,其要求是40岁以内的博士,图书情报、计算机、电子信息等专业,具有较强的团队合作能力和执行力。由此可见,聘用智慧馆员在学历、专业的要求上较为严格。由于尚未发现高校有智慧馆员的招聘,故以其他馆员的招聘为例进行论述。天津大学图书馆招聘馆员,招聘要求包括具有良好的思想道德素质,具有全日制硕士以上学位,有较强的沟通与写作能力、计算机操作能力、团队合作精神,身体健康。复旦大学图书馆招聘文科馆员,招聘要求包括具有全日制硕士以上学位,优先考虑人文学科类博士;优先考虑有相关工作经验的人员;沟通与写作能力强;具有良好的英语表达能力;具有学习图书情报知识的能力;具有团队协作能力。武汉大学图书馆招聘学科馆员,招聘要求包括全日制硕士以上学位；年龄35周岁以下；有人文社科专业或工科专业背景；熟练掌握数据分析软件；文字写作能力强和有一定的外语水平。从以上可见，国内高校图书馆的馆员要求相对较高，要求全日制硕士以上学位，优先考虑博士，具有一定的学科背景，熟练掌握信息分析软件，具有较强的沟通能力与团队精神。

2. 国外高校图书馆员的招聘要求

国内知名图书馆专家于良芝对美国高校专业馆员进行研究时指出，美国的专业馆员已经获得高校图书情报等专业的硕士学位。也就是说，美国的专业馆员的本科专业可以是其他学科，但研究生阶段必须是图书馆学或情报学专业，且获得硕士以上学位。美国高校图书馆专业馆员招聘的要求普遍包括图书情报专业硕士学位，有相关经验者优先考虑；具有一定的计算机操作能力；具有团队合作能力；具有创造力；了解图书馆各项服务；具有较强的沟通能力与文字写作能力。可见，国外高校图书馆专业馆员的招聘与国内的要求并无太大区别。

(二) 构建智慧馆员选拔机制

1. 建立智慧馆员准入制度

在建设智慧图书馆时，也应做好智慧馆员选拔工作。在馆内选拔，是智慧馆员岗位最快配置的方式。智慧图书馆可依据智慧馆员岗位应具有的能力进行馆内筛选，如学科背景、学位层次、计算机能力、沟通能力、写作能力等标准。图书馆可根据这些标准进行筛选，然后对被筛选出来的馆员进行适当的培训，他们在了解岗位职责、工作任务后就可以正式上岗。若现有馆员的能力与智慧馆员岗位要求的能力相差甚远，无法满足智慧服务时，图书馆则应制订人才需求计划，向外公开招聘。智慧馆员与传统馆员的要求有较大区别，其更注重综合服务能力，同时还应具有图书情报专业能力与计算机能力等，故图书馆不管是内部选拔，还是外部招聘，都不应降低标准，要从制度上规范智慧馆员的准入标准。

2. 高学历和综合能力的要求

结合国内外高校图书馆员的招聘要求，我们可以设定智慧馆员聘任的基本要求，再根据不同岗位需求，对学历、学位、专业背景做出明确规定。原则上要求硕士以上学历，同时对计算机操作技能、外语能力、信息素养、管理能力、沟通协调能力、口语表达能力和文字写作能力等方面也提出了更高要求。在选拔智慧馆员的时候，图书馆要根据实际情况，除基础专业知识测评外，还应将情商作为考虑因素，确定专业知识与情商的权重，选择那些在学科文化素养和情商测试中均表现良好的候选人。

3. 智慧馆员进馆入编考试

图书馆可以改变陈旧的馆员招聘方式，在满足专业方向和学历水平要求的前提下，由上级主管部门（通常是省市文化部门）组织统一的智慧馆员资格认证考试，统一命题，全面考核。考试内容主要包含专业知识与计算机知识，其中专业知识以图书情报学为主，加上部分管理学与心理学内容；计算机知识包含大数据、物联网等新一代信息技术知识。这个考试既可以作为智慧馆员招聘的入职测试，也可以作为他们今后阶段性的职业能力测试，从而避免很多馆员入职之后因图书馆的整体环境比较轻松自由而开始懈怠，渐渐不能胜任其岗位工作的现象，确保馆员保持持久的学习热情，拥有可持续发展的知识结构，形成良性竞争与有效监督的氛围。

4. 人尽其用，实现价值

图书馆在对通过选拔入职的智慧馆员进行岗位安排时，除依据他们的兴趣爱好、专业特长以及沟通与写作能力等外，还要考虑馆员自己选择的意向岗位。当意向岗位发生冲突时，图书馆依据智慧馆员的意向进行适当的调整，在尊重馆员选择和图书馆发展需求的双重考虑下进行统筹安排。这样做，既能满足智慧馆员的意愿，稳定人才队伍，发挥他们的聪明才智，又符合图书馆的长期发展要求，能有效提升智慧服务水平。同时，图书馆还可以定期开展智慧馆员之间的交流活动，或考虑定期轮岗。

图书馆在安排智慧馆员岗位时，也应将年龄、教育背景、职称等因素纳入考虑，如刚毕业的年轻馆员可从事技术相关的岗位；拥有一定的职称、工作经历和表现较好的馆员可从事管理岗位；年龄再稍大一点的学历高、拥有良好服务经验的馆员可从事领导岗位。只有根据能力、特长等多因素考虑智慧馆员的分配，才能实现"1＋1"远大于2的效果。

（三）建立高校图书情报人才培养机制，输送新型智慧型馆员

随着越来越多的图书馆步入智慧图书馆建设，图书馆对智慧馆员的需求也将越来越大。我国图书情报学硕士培养单位应注意到这方面的发展趋势，从而在人才培养方面做出改变。为了培养更多的高水平智慧馆员，我国图书情报学硕士培养单位应做出以下相应改变：一是在研究生招生时，鼓励跨专业报考，如鼓励计算机、英语等专业学生报考图书情报学专业；二是在研究生培养阶段，研究生除了以学习图书情报学专业知识为主外，还应选修计算机等相关专业；三是在指导研究生进行科学研究时，鼓励他们从学科＋图书情报学的智慧馆员培养方面进行重点研究；四是加强智慧图书馆与研究生培养单位的合作，将智慧图书馆作为研究生的校外实训基地，让研究生能及时调整知识结构，以便就业后能更快地适应智慧服务工作。同时我国高校与公共图书馆在招聘智慧馆员时，要优先考虑具有不同学历间跨学科的图书情报研究生，从而对高校智慧馆员培养起到指引作用。

（四）引入外机构专业人才

图书馆在配置智慧馆员时应灵活设置岗位与用人机制。智慧馆员岗位并不是一成不变的，大部分岗位可以相对固定，也可以临时设置某些智慧馆员岗位。某些需求通常是突发性的、临时性的，当图书馆无这方面的专业人才时，可引进外机构的专业人士临时担任智慧馆员。这样既可以解决临时的用人需求，又可以加强馆内智慧馆员与外机构专业人士之间的

沟通与交流,使馆内智慧馆员不断学习新技术、接触新事物。

四、构建智慧馆员终身学习和培训机制

(一)倡导终身学习

正如在前文中提到的,智慧馆员应具有终身学习的能力。技术在快速发展,读者需求在不断改变,为了跟上时代发展,满足读者复杂多变的需求,智慧馆员必须坚持终身学习,不断"充电"。智慧馆员只有在不断学习中充实自己,提升自我,才能对自己的专业知识与技能进行查缺补漏。图书馆本身拥有海量的优质馆藏资源,又能与内外部专业机构保持良好联系,这些有利于智慧馆员进行终身学习。特别是临时性的、突发性的、特定领域的服务,更需要智慧馆员及时学习。智慧馆员只有不断地学习,才能走在发展前沿,掌握最新的技术和方法,才能更好地为读者服务,体现出服务的智慧性。

(二)建立智慧馆员培训机制

1. 对不同类型的馆员有针对性地开展培训或继续教育

图书馆应对智慧馆员进行有针对性的培训,国内图书馆每年都要进行继续教育活动。目前国内高校与公共图书馆对馆员的继续教育更多是为了完成任务,馆员真正能学习到有价值知识的较少。我国图书馆可依据智慧馆员的年龄、岗位、学历、专业、职称等差异,为他们开展有针对性的培训。如年纪稍大的智慧馆员领导,由于他们平时在工作中直接接触技术的机会较少,对新技术的认识与掌握不够,所以应重点培训他们掌握新技术;年轻的智慧馆员,由于他们能快速接受新事物,且接触技术的机会较多,但缺少实践能力,所以可安排有丰富经验的优秀的智慧馆员对他们进行业务指导和实战培训,形成以老带新的局面;对缺乏某个学科领域知识的馆员应进行有针对性的培养,邀请相关专业的人员对他们进行辅导。智慧馆员的继续教育也可以邀请外机构的专业人士,从而帮助馆员更好地了解外面世界的发展。定期的智慧馆员培训既能提升馆员整体的素质,又能提升图书馆的智慧服务水平。

2. 智慧馆员的培养方式"贵精不贵多"

智慧馆员的培养方式应在于精而不在于多。智慧馆员每天工作量大、工作难度大、压力大,要是给智慧馆员安排的培训非常多,容易加大馆员的负担,甚至造成在岗位培训的时间比业务服务的时间还多的局面。笔者认为必须对智慧馆员的培养方式和时长进行控制。在培养方式上,笔者认为以老带新、馆际交流、专业讲座等方式的效果较好。以老带新能够让智慧馆员快速熟悉业务工作,这是让新馆员最快进入工作状态的方式,效果相对理想;馆际交流,特别是去标杆图书馆进行现场业务参观访问、业务交流,能帮助智慧馆员快速找出差距,并得到标杆图书馆的现场业务指导,投入少、见效快;专业讲座能够帮助智慧馆员在短期内大幅提升业务关注的高度与广度,了解最新的学科发展前沿,对提升馆员能力有重要

作用。

3. 参加多种形式的专业技能培训

图书馆可为智慧馆员安排各种形式的专业技能培训,取得普遍好评的专业技能培训有以下几种。一是图书情报领域的专家培训。国家图书馆、中国图书馆学会、武汉大学、南京大学、北京大学、中山大学等开展的在国内图书情报领域有较大影响力的专家培训是非常有含金量的,可以帮助馆员快速提升图书情报专业素养。二是供应商组织的产品培训。图书馆各种数字资源的供应商为了推广他们的产品一般会上门免费提供产品培训。如专门做专利分析的公司,为了推广专利分析数据库他们会为馆员免费提供各种在线培训视频或PPT,并在线解答馆员在使用他们产品时所遇到的各种问题,使智慧馆员的专利检索水平得到快速提升。三是馆内人才培养。以老带新是一种常见的馆内人才培养方式。以老带新能够将显性知识与隐性知识进行相互转化,从而提升新智慧馆员的水平。四是跨学科通用型技能培训。如让智慧馆员参与高级论文写作研讨班、研究方法与能力提升班等,从而培养馆员的写作能力与科研能力,这不仅有助于馆员的职业发展,而且有助于服务教学科研部门。

(三)提升职业道德,不断完善智慧馆员的人格

1. 提升职业道德

国际图书馆协会联合会认为图书馆的职业道德是保护知识自由、言论自由,获得知识、信息和文化的自由以及遵守思想、政治原则等。图书馆员和信息专业人士应该是值得公众信任的人,应秉承严格的职业道德。图书馆员和信息专业人士的道德准则定义了基本原则,对该行业的所有代表具有约束力,并确定他们的社会使命和包括在其职业活动的所有环境中所承担的道德责任。我国《中国图书馆员职业道德准则》把馆员的职业精神概括为"敬业精神、诚信精神、专业精神、平等精神、团队精神、合作精神、创新精神"。笔者认为在智慧图书馆中,智慧馆员比以往掌握更多读者的隐私信息,所以应恪尽职守保护读者的个人隐私。同时,智慧馆员还应确保读者能够平等地获得知识信息服务,不将个人情绪带到智慧服务中,尊重读者,不借助图书馆谋取私利,从而提升职业道德。

2. 不断完善智慧馆员的人格

智慧馆员的人格可能有偏于传统的,也有偏于社交的。但不管如何,智慧馆员应热爱阅读、注重细节、紧跟技术趋势和自律。

(1)热爱阅读

智慧图书馆员要热爱阅读,他们的整个职业生涯都是围绕着阅读展开的。智慧馆员应多了解或阅读所有年龄段、所有类型的书籍,还应了解当前畅销流行的书籍。通过阅读各种书籍,智慧馆员拓宽了视野并发现可用于教育计划或可添加到收藏中的新书籍。智慧馆员还应了解当前的电影和音乐,更重要的是阅读有关图书馆学的各种材料,不断提升自己的专

业素养,进行终身学习教育。

(2)注重细节

智慧馆员工作的很大一部分是组织和维护媒体收藏,包括书籍、电影、音乐等。因此,他们必须高度组织并注意每一个细节。例如,他们需要在图书馆的分类系统内工作,正确地按字母顺序排列项目,并为顾客保留请求的项目等。

(3)紧跟技术趋势

实体卡片目录已成为过去,智慧馆员负责使用和维护的大量技术,包括读者使用的计算机、借阅数字资料的服务、图书馆工作人员使用的系统和软件,以及新一代信息技术等。智慧馆员必须熟悉计算机和其他形式的技术,以帮助读者研究并决定他们的图书馆应该使用哪些硬件和软件。

(4)自律

智慧馆员的主要特征包括对自己的职业和工作充满热情、能坚守自我。优秀的图书馆员往往认真负责,严格遵守纪律,不会以公谋私,而是以饱满的热情积极主动为读者提供高质量的服务。

虽然智慧馆员应具有良好的人格,但智慧图书馆也应该为智慧馆员良好人格的形成创造良好的人文环境。目前我国智慧图书馆建设还处于摸索阶段,图书馆不能完全沿用以往的规章制度去约束和妨碍智慧馆员的人格发展。

(四)建立良好的协作、激励和考核机制

1.建立良好的协作机制

图书馆应为智慧馆员建立良好的协作机制。笔者认为可为智慧馆员建立与读者、本馆馆员及馆外同行的协作交流机制。

(1)与读者的交流机制

在智慧图书馆建设中,智慧馆员与读者的交流沟通更多是通过互联网、虚拟场景进行。在这种模式下,智慧馆员需要处理更多的读者需求,也会通过网络主动为读者提供个性化信息推荐。在该模式下,图书馆要对智慧馆员的读者需求处理情况以及主动服务情况进行考核。

(2)与本馆馆员的协作机制

图书馆应加强智慧馆员与本馆其他馆员的沟通交流,通过智慧网络平台让智慧馆员与其他馆员在举办活动、读者业务导引、技术交流等方面开展合作,从而提升整个图书馆的服务水平。

(3)与馆外同行的交流机制

图书馆可以安排智慧馆员与标杆图书馆进行业务交流,也可以组织本馆馆员去标杆图书馆进行现场业务沟通,还可以邀请标杆智慧图书馆的馆员到本馆进行业务指导,从而让智慧馆员能够扬长避短,查缺补漏,促进本馆智慧服务健康发展。

2. 建立合理的激励机制

合理的激励机制对任何行业的内部管理都至关重要。智慧馆员的素质比一般馆员要高,所处理的读者问题的难度大,完成的质量和读者满意度通常较高,因此应对智慧馆员设置合理的激励机制,以保障他们的工作积极性。概括来说,激励机制可从物质激励、信任激励和发展激励等方面进行。

(1) 物质激励

物质激励是最直接有效、最重要的激励。毕竟对智慧馆员的综合能力要求高,其工作难度大、工作量大,从按劳分配的角度出发,智慧馆员理应比其他馆员获得更多的物质激励。智慧馆员获得相应的物质激励,才能获得物质和心理上的满足感,才能更好地发挥他们的聪明才智,从而留住人才。物质激励主要体现在工资、绩效与评优上。工资与职称、学历挂钩,智慧馆员是研究生以上学历的人才,工资收入理应高一点;绩效部分图书馆具有较大的自主权,可将智慧馆员的绩效系数提高,鼓励他们获得更高的绩效;同时在年度评优的时候应优先考虑智慧馆员,或者将智慧馆员的评优比例设为最大。

(2) 信任激励

图书馆应给智慧馆员更多的信任,包括让他们与师生沟通交流时有更为宽松的环境,在资源采购、设备采购方面拥有更多的话语权、参与权,以及更高的采购经费额度等。这样能够让智慧馆员在图书馆中有更多的归属感与参与感,从而发挥他们的积极性与创造性。

(3) 发展激励

图书馆应根据各智慧馆员的不同情况进行发展激励。一是职业培训。职业培训可根据馆员的具体情况制订职业规划,并分阶段进行相应的培训。如对技术能力强的智慧馆员进行科研能力与职称发展的针对性培训;对管理能力突出的智慧馆员加强智慧业务管理的知识培训。二是继续教育培训。这个在前文中有提到,对领导人员加强技术知识培训,对新入职的技术强人则加强管理能力的培养。三是职称晋升。职称晋升对每个智慧馆员来说都非常重要,影响到每个馆员的职业发展和切身利益。图书馆可为智慧馆员在职称评审中设置更多的加分事项,并对照职称文件为他们争取机会,从而帮助智慧馆员晋升职称。四是岗位晋升。为有技术、有优秀服务经验且有管理能力的智慧馆员争取岗位晋升的机会,让他们从事领导工作。

3. 建立科学的智慧考核机制

对智慧馆员的考核,笔者认为可从以下几方面进行:一是工作量考核,根据工作日志、对接读者的次数、主动为读者提供个性化服务的次数、相关研究报告以及举行的相关讲座等进行统计;二是工作质量考核,主要是抽取一定比例的读者进行满意度评价,以及馆员与领导对其工作质量进行评分;三是日常考勤考核,这个是常规性考核,没有针对性,但也应纳入考核体系;四是科研成果考核,考核其能否将日常工作上升到理论高度,能否有新的见解,发表的论文数量,主持或参与的课题数量,撰写的可行性报告等。图书馆应从这四个方面制定出详细的考核指标,并按学期或年度进行考核,从而激励他们终身学习,不断提升智慧服务水平。

(五)加强外部交流,发散智慧思维

加强智慧馆员与外部交流是非常有必要的,这能够让智慧馆员学习其他智慧图书馆的先进经验,开启新的服务模式。目前我国智慧图书馆业务交流有两个较好的平台:一是"中国高校智慧图书馆(馆长)论坛",规格很高,在图书馆业界有较大影响;二是"智慧图书馆发展论坛",由国内高校图书馆、公共图书馆、生存与服务企业及智慧服务领域的专家共同参与,现已经举办了五届,是国内影响力最大的智慧图书馆论坛。这两个论坛都是每年举办一次,智慧馆员应积极参加这些论坛,图书馆也应鼓励馆员参会并提供相应的帮助。通过参加论坛,智慧馆员可以学习最先进的信息技术、管理理念与最佳的实践经验,同时还可以与同行互相学习和交流,激发智慧思维。

第四章 高校智慧图书馆服务方式

第一节 大数据时代高校智慧图书馆服务

社会的不断发展进步,加速了大数据时代的到来,在这样的环境中,如何不断提升移动增强现实技术在高校指挥图书馆中的应用水平就成为一项极为重要的工作。本节深入分析了移动增强现实技术在高校智慧图书馆中的应用,并针对这一技术发展过程中存在的问题展开了详细的阐述,希望能够使高校智慧图书馆的服务方式、服务内容以及服务范围都能够得到更好的优化。

20世纪90年代,美国波音公司的首席科学家提出了移动增强现实技术这一理念。移动增强现实技术是虚拟现实技术进一步发展的结果,其实质就是将从计算机中得到的各种基础信息和现实世界对比,然后对移动增强现实技术进行强化和扩张。通过使用移动增强现实技术,可以使人们对现实环境有一个更好的认识。不仅如此,这一技术的发展对于高校智慧图书馆的建立和发展也有着十分积极的作用。作者分析了移动增强现实技术在高校智慧图书馆中的具体作用。

一、移动增强现实技术的概述

移动增强现实技术也叫作混合现实技术,它是将虚拟和现实进行联系的技术。移动增强现实技术是借助各种二进制信息构建的空间,这便使得人们可以同时处于现实和虚拟两个环境中,使用移动增强现实技术使得这两个世界能够实现很好的融合。我们所生活的现实世界是真实和客观存在的,但是虚拟世界的特征却是灵活性比较强的世界,因此所受到的局限也比较小。虚拟世界和现实世界是两个独立的个体,而如何借助移动增强现实技术实现这两个世界的融合,结合双方的优点就是人们研究的主要方向。结合现今计算机行业的发展,可以发现现今的静态图面一般都是借助多媒体来体现的,是由文字到有图解说的变化,同时也是虚拟世界更倾向于现实世界的体现。日常生活中,很多商场的外墙、会场的屏幕、展台等都会有电脑显示屏,且电脑和智能手机的不断发展,也意味着今后新技术的应用范围会不断扩大。

二、移动增强现实技术在高校智慧图书馆中的应用

国外图书馆对于移动增强现实技术的应用较为广泛。在移动终端平台快速发展的基础

上,移动增强现实技术得到了商业化应用,使用移动增强现实技术可以实现现实世界和虚拟世界的融合。可是,现今我国移动增强现实技术的发展还处于起步阶段,因此在图书馆中的应用还不够广泛,国外的一些图书馆及机构做得相对较好。芬兰大学的图书馆其应用方式就是将图书馆的方位通过地图的形式展现出来,用户便可以方便快捷地确定图书的位置。这些年来,在移动增强现实技术的前提下,智能图书馆开始发展起来,这种图书馆的发展是将 RFID 移动增强现实技术和移动增强现实技术、Wifi 移动增强现实技术结合起来达到定位追踪的目标,并且需要使用视频来确定图书的具体位置。

三、移动图书馆技术的具体应用

(一)现实系统总体结构性能更佳

移动增强现实技术的主要工作内容包括场景采集、跟踪注册、虚拟场景移动增强现实技术发生器、虚实合成、显示等系统,而人机交互界面等子系统则构成了典型的 AR 系统。这里我们所说的场景一般都是在获取到周边环境的摄录图像以及视频后对其进行处理所得到的。跟踪注册系统一般是用来观察用户头部及其视线的方向。虚拟图形绘制则是将显示场景中存在的虚拟图像予以图形化,然后再将之前获得的现实场景与虚拟图像进行定位,这便是虚拟合成系统的主要功能。整个移动增强现实技术的工作原理为:①输入系统在对输入的图像进行处理后,得到一个实景空间;②对于计算机处理得到的虚拟图像,使用几何一致的开放式形式将其加到之前的实景空间内,实现虚实结合,进而增强现实环境;③融合后的景象需要使用显示系统向用户展现;④用户需要借助交互设备完成效果和现实场景。实现精准的虚实结合、并科学地进行注册和输出设备显示就成为一项十分重要的工作。

(二)促进移动图书馆实现的技术

首先,不断深入移动增强现实技术的应用研究。

移动增强现实技术在实际应用的过程中,所使用的技术主要有标志识别技术、顶点提取技术、三维注册技术、相机融合技术四种技术。其中三维注册技术研究是借助标志性物体的二维图像和三维注册实现顶点提取以及标志识别的目标,三维注册则是结合二维图像的坐标重新建立。相机融合需要对几何图形进行融合后获得其黑白二值图,使用黑色边框包围更容易识别多边形的白色填充。使用相机融合技术能够很好地将虚拟物体叠加到图像中的人工标志上,以起到非常好的虚实相加效果。在识别出相机空间的三个顶点坐标后,进行一定的旋转或是位移后,便会因标识信息的差异而呈现出不同的形式。若系统有标志物且标志物的类型多样时,则不应将其局限在简单的基础模板上,还需要加入一些文字或者是图片,并且应该包括现实环境中的物体。在发展智慧图书馆时,必须不断深入这方面的研究,只有这样才能够不断提升图书馆的智能程度,使其能够更好地为人们服务。

其次,智慧图书馆的标识识别系统。为了使图书馆内的图片、图书等都能够第一时间被检索出来，必须不断提升标识识别系统的精确性。工作过程中应当把握好以下几点：

一是使用摄像机头进行视频图像的搜集工作时，需要对信息开展二值化处理，这样才能够将收集到的信息变成简化了的图像，并有效地缩减数据量，在进行彩色到黑白的转化工作时，必须对识别区域的轮廓进行突出处理。

二是将二值化后的图形实行分割，并在图像连接的位置进行标识，在对标识进行观察后便可以得到需要标识的具体位置。不仅如此，在对二值化连接区域进行提取时，一般需要使用连通区域法。这一工作法的具体原理就是将选中图像相邻两个位置的像素灰度值相同时，则确定其为联通的。在对面积进行确定时，连接好各个像素点坐标后便能够完成面积的计算。

三是在数据获取的环节，会有很强的不稳定性，且所提取出的视频图像一般都是长方形或者是正方形的，所以，为了保证解码步骤的效果，一定要确保所获得的是规则的正方形。

通过本节的分析可以知道，在智慧图书馆中使用移动增强现实技术可以很好地完成导读、定位服务、信息摄像服务等内容，可以很好地实现真实环境和各类资源的信息合成，这对于图书馆的发展有着很大的影响、因此其发展前景是一片大好的。但是，在对移动增强现实技术进行推广研究时，一定要注重提升应用的便捷性并注重服务的个性化，这样才能够促进智慧图书馆的普及，使其能够更好地为师生服务。

第二节 "双一流"背景下高校智慧图书馆服务

近年来，随着社会经济发展，人才战略价值越发突出，"双一流"建设决策的提出，为高等教育发展指明了方向。应用型高校作为高等教育的重要组成，理应积极响应政策号召，为推进"双一流"建设做出多方面努力，在此过程中智慧图书馆发挥着不可替代的作用。本节基于对"双一流"战略及智慧图书馆等相关概念的释读，分析了"双一流"背景下应用型高校智慧图书馆服务发展现状，并就其服务创新进行了重点研究。

经济全球化视域下，尽快建成一批世界一流大学和一流学科，是当下高等教育发展的重点方向，对提升我国综合竞争实力有着非凡意义，为实现伟大复兴中国梦铺筑了道路。

"双一流"背景下，图书馆作为高等教育不可或缺的资源支撑，应当紧跟时代发展潮流，通过资源、技术、管理等多个方面的转型升级，打造智慧图书馆，实现服务创新，最大限度地释放自身价值。

一、相关概念释读

"双一流"建设为高校图书馆转型升级创造了新的契机，而智慧图书馆则为之发展指明了方向。思想是行为的先导,对"双一流"战略及智慧图书馆的概念认知,为"双一流"背景下高校智慧图书馆服务创新实践奠定了基础,其有关表述如下。

"双一流"战略。所谓"双一流"即是指一流大学和一流学科,对提升我国高等教育水平有着非凡的价值意义。早在我国提出"211工程""985工程"之后,为了进一步突出学科的导向性,各类高校逐步加强了"特色重点学科项目"建设,并得到了国家的大力支持。为了进一步规范高等教育发展行为,国务院审批通过了《统筹推进世界一流大学和一流学科建设总体方案》,明确提出了"双一流"建设必须遵循四项基本原则,即坚持以一流为目标、以学科为基础、以绩效为杠杆、以改革为动力,同时着眼于"两个100年"战略目标,旨在提升我国高等教育发展水平,继而增强国家核心竞争力。在此过程中,图书馆作为高校教学、科研服务的重点单位,应积极参与"双一流"建设,并提供强大的智力支持。

智慧图书馆。最早由芬兰提出的"智慧图书馆"理念,是伴随着信息技术发展产生的,现已在全世界范围内得到推广,并引发了各类学者的热议,从不同维度做出了论述。王世伟指出,智慧图书馆的实质是数字惠民,以信息技术手段为依托,强调科学发展,互联和便利是其最突出的特征。严栋等认为,智慧图书馆依托各种先进信息技术,构筑了一种智慧模式,转变了用户与图书馆之间的互通方式,最终达到智慧化服务的目的。综合来讲,学术界虽然对智慧图书馆尚未达成概念上的统一,但对其功能定位基本形成了共识,它较之前数字图书馆有着更高的硬件需求和技术要求,是更高级的综合性信息系统,强调"以人为本"为理念先导,实现物理空间与信息内容全面互联,为学生提供形式多样、效率高效、个性新奇的服务。由此看来,智慧图书馆不仅是教育技术的突破,更是服务理念及模式的创新,其作为一项系统化工程,需注重各个层面的智慧化建设,包括建筑、感知、管理、服务以及沟通等,如此才能更好地适应"双一流"发展要求。

二、"双一流"背景下应用型高校智慧图书馆服务发展现状

近年来,随着高等教育普及化、大众化,加之国家系列政策引导与支持,高校经历了一个快速的规模扩张过程,生源数量同步增长,对图书馆服务需求及要求越来越高,推动了创新发展。客观维度上讲,"双一流"背景下,智慧服务理念不断深入,在高校图书馆中的创新实践得以相继开展,并取得了一定进展和突破,但是由于此项建设仍旧处于试点阶段,其中的问题层出不穷。具体而言,一是很多高校图书馆服务效率偏低,未有完全发挥出智慧服务的优势。尽管高校已然建立起了较为完备的图书馆管理体系,并且积累了大量有效服务经验,但是由于信息化水平有限,学生借阅服务方面仍旧需要管理人员的操作补充,增加了流程复杂性,导致工作效率普遍偏低。二是智慧图书馆框架结构下,阅读时间和空间成本的大幅压缩,使得服务群体持续扩张,很多高校开始面向社会开放,一定程度上增加了服务内容,对馆

藏资源提出了更多要求,又由于服务压力倍增,导致管理人员面临着更加严峻的挑战。三是智慧图书馆的重要特征是感知性,然而高校封闭被动的服务方式,降低了资源利用率,客户服务体验不佳。

三、"双一流"背景下应用型高校智慧图书馆服务创新策略

在宏观"双一流"战略背景下,应用型高校智慧图书馆服务创新尤为必要,为高等教育水平提升铺筑了道路,其作为一项系统化工程,需从多个方面做出努力。作者基于上述分析,结合应用型高校实际情况,针对性地提出以下几种有效践行策略,以供参考和借鉴。

完善顶层设计。"智慧社会"作为我国加快建设创新型国家队新发展理念和战略目标,意味着我国智慧社会建设迈入了新的阶段。应用型高校作为人才培育主阵地,肩负着不可推卸的责任,需紧跟时代发展潮流,加速智慧图书馆服务创新,无限拉近与"双一流"目标之间的距离。有经验表明,科学的规划与完善的制度是稳步推进应用型高校智慧图书馆服务创新的保障和关键。具体而言,"双一流"背景下,应用型高校需重新定位智慧图书馆服务目标及任务,谋划全局,制定科学的总体战略规划,指引服务管理创新,最终为实现可持续发展铺筑道路。基于此,一方面,应用型高校应着重强调软硬件环境建设到组织管理结构的统筹协调,依托物联网技术支持,加强共建共享,促进图书馆机构与其他部门之间的沟通合作,并适度下放决策权,简化内部流程,通过建立开放的扁平化模式,激发服务主体创新能动力;另一方面,建立科学的绩效考核制度和激励制度,综合审查图书馆工作人员服务思想、行为,树立榜样典范,给予适度的物质奖励和精神奖励,注重人本关怀渗透,激励其更多服务创新行为,进而在良好的文化氛围下,提升智慧图书馆整体服务水平。

重视人才建设。知识经济时代,人才是推动社会创新发展的核心要素,为应用型高校智慧图书馆建设提供了必要的智力支持。尤其是网络信息环境下,人才已然成了应用型高校办馆的重要资源和首要财富。从某种维度上讲,馆员作为应用型高校智慧图书馆服务工作的主体,扮演着多重身份角色,既是情报信息和各类知识的载体,又是信息库的建设者和管理者,同时还是高质量信息产品的生产者,发挥了连接信息资源与读者纽带的作用。"双一流"背景下,应用型高校智慧图书馆服务体系建设,必须要依赖高素质的人才队伍,对其提出了更多、更高要求。新时期,合格的图书馆工作者不仅要具备丰富的工作经验和高度的责任意识,还需具备一定信息技术知识和科学文化素养。对此,一是应用型高校必须要清醒地认识到人才战略地位,充分发挥自身优势,可通过招募志愿者等方式,吸引更多优秀人才参与智慧图书馆服务创新建设,不断丰富人才资源结构,同时为广大学生群体提供更加良好的锻炼环境;二是应用型高校需加强对既有图书馆管理人员的培训教育工作,及时更新他们的思想理念,端正其工作态度,树立高度的责任意识,基于智慧图书馆服务创新目标导向,不断丰

富馆员知识涵养,分享有效实践经验,全方位提升其综合能力素质。

导入先进科技。"双一流"背景下,应用型高校智慧图书馆应注重文献资源数字化、传播载体多样化以及服务手段多样化,这些功能性目标实现均需依托先进技术的强力支持。信息化时代,计算机、互联网等技术应用改变了人们的生产生活方式,并为之提供了便捷性服务体验,主导了新一期的教育变革潮流。尤其是随着"双一流"建设推进,应用型高校图书馆服务对象、内容及范围急速扩张,对先进科技的导入,有效提升其智慧化水平,软件系统优化两方面做出有效举动,合理优化数据资源,定期组织传感器和通讯系统的完整性检测,及时了解建筑内温度、适度、光线、噪音等动态变化情况,实现全程可无人化状态工作;二是为了更好地服务客户,实现一流学科建设目标,应用型高校智慧图书馆还需致力于学科知识共享平台建设,利用信息技术对其元数据层进行描述,依据用户使用规律及习惯,对馆藏资源进行学科化的加工和标识,并提供全文检索服务;三是为确保信息安全,应用型高校智慧图书馆还需设立健全的访问控制机制,定期或不定期更新后台运行网络服务,有效防止用户恶意下载使用等情况,树立学生正确的思想情感和三观认知。

丰富馆藏资源。书籍是知识的海洋,更是推进应用型高校一流学科建设的重要资本。"双一流"建设背景下,应用型高校智慧图书馆体现在两个方面,即文献资源的数字化和虚拟资源智慧化,应基于既有馆藏资源,不断丰富其种类构成,便于师生更加广泛的应用。在具体的践行过程中,一所高校的图书馆资源毕竟有限,并且不会有待别充裕的资金支持,对此,应用型高校可考虑与其他院校联合,购置更多图书,同时共享共建数据库,将馆藏资源这个"蛋糕"做大,让广大师生群体享受到其便捷性、丰富性服务体验。在此基础上,应用型高校还需加强数字化、智慧化的资源建设,可依托 RFID 管理结构,将传统纸质文献资料经过扫描解码转化为数字信息,让更多学生或其他借阅者方便实时查阅,不用再担心文献被借走。同时,应用型高校智慧图书馆还需加强对 PC 或移动终端服务设计,实现远程订阅功能。如此,在物联网架构上对图书馆收藏资源进行合理采编和规划,有效提升了服务管理水平,降低了相关工作人员压力,同时还进一步扩展了服务对象范围,有利于所处区域的文献保障和服务建设,馆藏资源利用率达到了更高层次。另外,应用型高校智慧图书馆还能够收集用户借阅信息,通过大数据分析和云计算技术对其喜好进行智能分析,针对性地提供个性化阅读计划方案,提高资源服务的互动性。

优化工作模式。在有限的课堂教学时间内,多数学生并不能有效完成各学科学习要求,还需课外自主学习。同时,对于教师而言,为了紧跟时代潮流,有效支撑"双一流"建设,亦需终身学习不断深化自己的专业知识和职业素养。图书馆的功能价值得以体现,为师生学习提供了良好的氛围环境。因此,面向"双一流"建设,应用型高校智慧图书馆服务创新需进行全面升级,深度挖掘泛在化的知识,精准解析用户行为背后折射出的需求,进而为之提供高品质、高价值的服务。基于此,应用型高校可充分借鉴其他院校成功经验,依托交互式网络教学平台,构建虚拟学习社区,促进学生之间及师生间的自主交流,使之获得更加丰富的知识积累。同时,根据《国务院办公厅关于深化高等学校创新创业教育改革的实施意见》,高校的工作任务核心在于培育全面发展的高素质人才,倡导学生个性发展,某种维度上,这亦是"双一流"建设的终极价值追求。对此,应用型高校需积极响应国家政策号召,依托智慧图书馆,联合教务处、人事处、信息化处等各个相关部门,建立全校教师信息库,面向全体学生开放,为之提供随时随地的创新创业教育引导服务,丰富图书馆创新服务的结构。同时还可把留学生服务作为突破口,加强与国际一流教育的对接,汲取有效经验,加速自身国际化进程。

总而言之,"双一流"背景下应用型高校智慧图书馆服务创新十分重要和必要,其作为一项系统化实践工程,应注重完善顶层设计、加强人才建设、导入先进科技、丰富馆藏资源、优化工作模式,最终实现整个运行结构的转型升级,提高综合服务水平。

第三节 "互联网+"背景下高校智慧图书馆服务

随着"互联网+"开始转型,逐步进入智慧化服务阶段。智慧图书馆强调"以人为本",以数字化、网络化、智能化的信息技术为基础,以开放、互联、便利为主要特征,结合深层次的情境感知为读者提供更符合需求的智慧信息资源和人性化服务,从而实现精准服务。智慧图书馆的服务模式,已经是当今高校图书馆界研究、发展的重要对象。

当今各高校图书馆都在逐步加强图书馆信息化、自动化和网络化建设,馆舍配备计算机终端、兴建内部网络,建设图书馆自动化集成系统,引入联机公共目录查询系统(OPAC)等,提升了图书馆信息传递和信息服务能力。互联网的产生与发展,使得许多的传统图书馆逐渐向数字图书馆变化,再随着互联网与物联网的飞速发展和融合,使得新一代基于物联网的图书馆——"智慧图书馆"诞生。

智慧图书馆是我们图书馆发展的新形态,是基于新的信息技术的、具有人工智能的一个知识服务系统,让读者随时、随地、随心享受到图书馆资源的便利性,享受阅读的快乐。我们可从三个角度来理解它的含义:从智能计算角度来看,智慧图书馆=图书馆+物联网+云计算+智能化设备,它通过物联网来实现智慧化的服务和管理;从数字图书馆服务的角度来看,智慧图书馆是指充分利用 ICT 技术,以运行进程阅览图书资料,预约座位等操作的数字图书馆;从感知的角度来看,智慧图书馆是感知智慧化和数字图书馆服务智慧化的综合体现。

一、智慧图书馆服务理念

立体互联。智慧图书馆能够使用多种通信手段、多种通信网络、利用各种信息技术来实现图书馆、书籍、信息资源和读者之间的广泛互联,并将外界其他信息机构也联通起来,实现全方位的共享交流。

全面感知。智慧图书馆是一个综合性的智能化系统,包含着先进的智能设施、信息技术和服务理念。

建筑智能化。通过对图书馆的建筑和馆内的各种设备嵌入智能装置和程序,实现对图书馆整体的一个综合管理和集中智能化控制。通过系统智能化的进行消防工作和保卫工作,系统能监测图书馆内的空气质量,能自动通风和消毒,确保室内的空气环境和人员的健康,它还能对温度、湿度、照明度加以智慧调节,控制背景噪音,为读者提供一个相当舒适的环境。同时,智能化建筑使得图书馆自身、图书馆内各种机器设备在运行、保养、维护等方面更具优势,从而优化人力和物质资源的配置,达到降低成本、节能减排的目的。

信息资源智能化。将馆藏资源存储在"云"上,不需要像传统图书馆那样由图书馆集成系统厂商提供。读者访问和使用图书馆的资源也不局限于计算机,可以使用其他智能化的移动设备。

服务智慧化。通过物联网和互联网以及云计算,智慧图书馆能够把各项图书馆事务处理联系在一起,建立起一个智慧服务系统。通过感知技术还可以跟踪调查用户的阅读习惯,自动识别和感知用户的位置及其当前所从事的学习、研究、工作内容,使图书馆员能根据读者的个性特征和实际需求及时向读者推荐个性化服务,同时提供三维实景地图导航服务、语音导航服务、机器人导航服务等。

智慧服务。出版社可以在书中植入芯片,这样图书馆的采编部门可以省去图书分类编目工作而流通部门只需要利用 RFID 技术,将扫描器一一扫过图书便可以轻松地完成入库。读者可通过图书馆检索系统查找所需图书,根据提供的图书相关信息到书架上进行查找图书借助内嵌芯片给出的响应,这样读者就能找到所需图书位置。读者通过自助借还书系统,只需要将自己的借阅证或者手机放到自助系统感应区上,系统就会自动完成借还操作,即方便了读者,也减少了工作人员的负担。

协同与共享。智慧图书馆不是仅靠一家图书馆独立建成的,还需要与其他图书馆建立资源共享和协同合作。各高校图书馆可以通过互联网和物联网进行信息资源的全面共享,利用信息技术对各校图书馆进行协同管理。共享的信息资源能够随着数据库的更新而更新,某个智慧图书馆的信息资源有变化,其他智慧图书馆检索得到的信息结果也会变化。

二、高校智慧图书馆的服务模式

以人为本的个性化服务模式。图书馆嵌入式服务是一种协同互动的服务模式,借助物理嵌入和虚拟嵌入两种方式,将图书馆服务嵌入到需要信息服务的各个环节,从而提供泛在化的信息服务。

智慧图书馆可以将用户在虚拟环境下的信息行为和在图书馆实体环境下的信息行为相结合,将馆藏文献基本信息与用户档案信息相结合,构建能全面、真实反映用户个性特征和需求特征的用户模型,并通过智能移动设备和感知技术自动识别、感知用户的位置及其当前所从事的学习、研究和工作内容,主动地推送关联信息,提供真正全方位的个性化服务。

多时间与多空间结合的多元化服务模式。多时间、多空间的服务模式是智慧图书馆服务的时间延伸和空间拓展。我们知道传统图书馆的开放时间是有限的,但智慧图书馆凭借数字化、网络化和智能化的基础技术建设,能做到全天候的开发,不间断地为广大读者提供信息服务。智慧图书馆在互联网和物联网的支持下,借助云技术打破空间的约束与限制,利用云地两端搭建的现代远程服务平台。读者们利用智能设备就能够在任何地方利用图书馆资源。

高度智能化的创新服务模式。智慧图书馆与以往的图书馆最大的不同就是,把智能技术融入图书馆的建设之中,智慧图书馆是拥有智能建筑与智能化管理系统的创新数字图书馆。所以智慧图书馆提供的服务也是具有高度智能化和创新意义的服务。

智能门禁系统。智能门禁系统主要的功能是图书馆入馆数据统计和图书防盗。馆员和读者都通过智能借阅卡刷卡入馆,系统自动识别将门打开并获取人员相关信息,数据立刻传递到图书馆的信息管理系统中。系统通过连接相关信息进行数据统计,可以得出各类人员的入馆次数和时间。并且系统还会通过整理读者借阅信息向读者的手机、邮箱等推送馆内相关服务。若有读者携带未办理借阅手续的书籍通过门禁系统,则会触发警报器。

智能导航服务。进入图书馆后,智慧图书馆为对图书馆布局不熟悉的读者提供三维实景地图导航服务。导航将图书馆按比例实景呈现,读者可通过触屏点击各个功能区进行查看。甚至可以提供无控制台的导览服务、语音导航服务、机器人导航服务等。

自助选座服务。读者通过自助选座设备,刷卡查看图书馆座位并进行选座,已选定的位置不能再被选择。学生离馆经过门禁刷卡时,系统会自动释放该座位。系统还提供"暂时离座"功能,为需要临时离开的读者保留座位,超时后再释放座位。运用自动座位选择系统,可以在图书馆高峰期避免读者之间产生矛盾,解决了以往的不文明占座行为,提高了图书馆座位的使用率,方便了读者。

书刊的智能管理。对图书馆所有纸质书刊进行技术改造,在芯片中装一个发光管和声音芯片,通过仪器感应可以发出声光响应。这样读者可以利用图书检索仪器去书架上查找所需图书,而且图书管理人员只要通过在图书检索器中输入要检查数据信息,然后沿着书架依次扫描,就能根据发出的声光响应来发现错误的排架和查询书籍。这样图书馆错架乱架整理工作的效率会大大提高,降低了以往找书所消耗的大量精力和时间。

总之，数字图书馆是典藏观的终结，智慧图书馆是"数据生命"的开始；图书馆应在"业务""用户""技术"中寻求智慧图书馆的发展；智慧图书馆是人工智能的广泛应用，只有用技术服务于人，以人为本，才能很好地发展我们的智慧图书馆。

第四节　高校智慧图书馆服务模式的构建

新时代高校读者迫切需求能够提供个性化、移动化和智能化的智慧图书馆。本节首先对高校智慧图书馆及其智慧服务的内涵进行了总结，然后从智慧借阅服务、智慧个性化服务和智慧移动信息服务等三个方面构建了高校智慧图书馆的服务模式，最后介绍了吉安职业技术学院图书馆的智慧化服务实践。

当前高校图书馆面临的现实问题是在智慧时代背景下如何实现由传统借阅向智慧服务转变、由低效手工到灵活智能转变。面对这些现实问题，高校图书馆的服务模式需要变革，新时代要求高校图书馆能够为读者提供智慧化服务。

一、高校智慧图书馆及其智慧服务

高校智慧图书馆的含义："智慧图书馆"是基于物联网技术的发展而提出的。结合国内外学者的观点，我们认为高校智慧图书馆是适应信息技术发展和高校师生信息需求变化的重大转型，是基于高校图书馆功能拓展和服务升级基础上，拟定的一套集高校图书馆馆舍、文献资源、软硬件系统、智慧馆员于一体的崭新信息服务模式。

高校智慧图书馆的智慧服务：高校图书馆的服务是在不断提升的，传统的服务有文献服务、信息服务和知识服务，而如今智慧服务成了高校智慧图书馆的核心服务。智慧服务是指将读者在虚拟环境和实体环境下的信息行为相结合，将馆藏文献基本信息与读者信息相结合，构建能全面、真实反映读者个性特征和需求特征的读者模型，并自动识别和感知读者的位置及其当前所从事的学习、研究、工作内容，主动地为其推送关联信息并提供真正的、全方位的、立体的、适合的个性化服务。

新时代，随着大数据、云计算和人工智能技术的迅猛发展，高校图书馆纷纷提出建设智慧图书馆，本节构建了高校智慧图书馆的三种服务模式。

构建基于RFID技术的智慧借阅服务模式：基于RFID技术建设的RFID智慧图书馆平台可以提供智慧借阅服务。一是手机借书服务，读者通过扫一扫功能扫描馆藏条形码，完成所需图书的借阅。二是图书转借服务，借书人扫描持书人的图书转借二维码，在得到持书人的同意后会将书转借至自己名下，在线上实现图书转借手续。三是图书续借服务，当读者借阅的图书即将到期但是还没有阅读完毕时，可以选择图书续借；四是图书预约服务，当某一种书目下的图书全部处于外借状态,读者可预约该本图书;五是帮我找书服务,当读者在书架上找不到"在馆"图书时,可提交找书申请,图书馆员找到图书后通过智慧图书馆平台告知读者。

构建基于大数据技术的智慧个性化服务模式:基于大数据技术的智慧个性化服务模式是基于高校智慧图书馆平台的,首先感知读者行为数据,然后基于大数据平台分析数据、最后基于分析结果向读者提供智慧化服务。读者访问物理图书馆时,通过馆内射频无线传感器感知读者在馆内的一些行为数据,比如读者在某个阅览室的停留时间、读者的活动区域等,通过对这些数据统计分析,可以知道读者感兴趣的图书和区域,利用数据可以利用如图书馆微信公众平台向读者推送感兴趣的图书或其他文献资源。此外,读者访问虚拟图书馆时,通过智慧平台统一的服务门户感知读者的身份、登录地点、登录时间、浏览的页面、借阅记录等形成大量的读者行为数据,对数据进行大数据挖掘和分析得出读者的阅读兴趣点、阅读习惯等,建立个性化的读者数据共享平台,为读者提供个性化服务。

构建基于自适应网页的智慧移动服务模式:基于自适应网页的智慧移动服务需要智慧图书馆系统服务门户在 PC 端和移动端的数据和应用一致、服务流程和操作也一致。通过建设形式多样的移动端应用平台为读者提供移动信息服务,比如根据读者使用习惯建设微信图书馆、图书馆 APP 等。移动端应用应提供以下一些服务:提供读者查询借阅信息、读者在线续借、预约图书等服务;提供一站式检索服务;提供学科服务,读者可以进行教学与科研等专题资料查看、提问与回复;提供智能推荐服务,根据读者的阅读情况,为读者推荐感兴趣的内容。

二、高校智慧图书馆服务实践

RFID 图书智能借阅服务:高校图书馆应用 RFID 系统在管理上实现自助借还、智慧导航、智能盘点等功能。2016 年 5 月,吉安职业技术学院图书馆建设了 RFID 图书智能管理系统,馆藏纸质图书全部贴上 RFID 芯片,馆内启用了自助借还机,实现了读者自助借还图书和智能查询等服务,自助借阅极大地提高了读者的借阅效率。还建设了 RFID 图书定位系统,馆内所有的书架粘贴了 RFID 层标和架标,对所有书架上的图书与层标和架标进行关联实现图书定位,读者通过 RFID 图书定位系统可以检索呈现图书在书架的三维图位置,进而快速地找到所要图书。

移动信息服务:为了方便读者不受时空限制的获取图书馆的信息资源,2016 年 10 月正式开通了移动图书馆服务,包含图书、学术期刊、报纸、学术视频等资源,读者可以在线或者下载访问这些资源;此外,移动图书馆还实现了与我馆的 OPAC 系统无缝对接,实现对馆藏纸本资源的检索。读者也可以扫图书馆的电子图书借阅机的图书二维码,把想看的书下载到移动图书馆的书架上阅读。移动图书馆还提供消息推送服务,发送各种新闻、讲座及培训通知、图书到期信息给读者,有利于读者和图书馆的互动交流,体现了智慧图书馆服务的互联互通性。

新时代高校读者更加迫切需要图书馆提供更加快速、便捷和智慧化的服务。所以高校图书馆应该在已有智慧图书馆的理论基础上,积极探索建设符合自身要求和需求的智慧图书馆,不断创新智慧图书馆的服务模式。

第五节 四维度模型的高校智慧图书馆服务

智慧图书馆是高校图书馆未来发展的趋势。对智慧图书馆服务四维度模型进行研究,有利于丰富其服务创新理论;构建高校智慧图书馆服务创新的四维度模型,有利于揭示其服务创新内在规律。研究结果表明,高校智慧图书馆服务创新包含概念创新、界面创新、组织创新和技术创新等四个维度,高校智慧图书馆服务创新应该重视这四个维度的协同创新。

一、研究问题及现状

随着信息技术的飞速发展,以大数据、云计算、物联网技术、人工智能(AI)及区块链等为代表的先进技术对图书馆产生了深远的影响,其影响带给图书馆的绝不仅仅是技术上的革新,还体现在服务维度的扩展。在这样的大背景下,高校图书馆信息资源、用户信息行为、服务环境都在发生广泛而深刻的变革,必将从物理图书馆和数字图书馆走向智慧图书馆,从知识管理转向智慧管理,从知识服务提升到智慧服务。目前,学术界针对智慧图书馆服务的研究基本分为三个方面:第一,对于智慧图书馆服务内涵和价值的概述,张延贤等认为图书馆智慧服务是图书馆对读者工作的自主选择,可以分为智能性服务、知识性服务和理念性服务,而刘秋让等认为智慧图书馆作为一个开放的体系概念,其自我价值与社会价值相互促进,完美结合;第二,对于智慧图书馆服务模式及策略的探讨,尹克勤等建立了以读者为中心,以物联网、无线传感、云计算为服务手段的服务模式,满足读者一站式检索,知识深度挖掘方面的信息需求;第三,对智慧图书馆个性化服务进行探讨,包括智慧图书馆门户网站建设、全面感知的服务研究、开放获取环境下的服务转型、嵌入式知识对服务影响的探析等。那么,高校图书馆如何发展成为智慧图书馆?以一种什么样的模型更容易实现智慧图书馆?

实现智慧图书馆的关键是创新,服务是高校图书馆立身之本,实质上是对图书馆进行服务创新。学者们对"服务创新"的关注和研究始于20世纪80年代。加德雷指出,服务创新就是寻求一个解决问题的方案、方法、措施,是一个运作过程,并不是一个事物产品,而是将很多不同能力的人力、技术、组织集中起来寻求针对顾客和组织的解决方案,随着研究的深入,服务创新的研究领域逐渐扩张,比尔德贝克等学者在1998年提出服务创新的"四维度模型",其内容包括新服务概念(维度一)、新的顾客界面(维度二)、新的服务传递系统(维度三)、技术(维度四)。该模型全面地阐述了服务创新的具体维度及维度之间的关系,任何一项服务创新都可以看作模型中四个维度的某种特定组合,全面涵盖服务创新涉及的各种要素。

服务创新四维度模型为服务创新提供完整的概念性框架,任何一项企业服务创新都可以看作模型中四个维度的某种特定组合,实现创新的战略规划。学者们运用该模型根据实际情况选择适合自己的创新模式,基于服务的视角全面揭示旅游、医疗、文化、房地产、学术图书馆等领域的服务创新模式,深化了相关领域服务创新模式探讨,丰富了行业内服务创新的理论体系,为实现相关领域服务创新理论与实践提供了依据及指导。有研究表明,利用服务创新四维度模型有利于构建学术图书馆基本的服务创新理论模型,揭示服务创新内在规律。高校智慧图书馆与学术图书馆有相似之处,具有多维性、系统性、联动性,且智慧图书馆服务有其独特性,应用四维度模型研究智慧图书馆服务创新有利于丰富服务创新理论,揭示服务创新内在规律,更好地实现服务创新的联动性及智慧图书馆的针对性。

高校智慧图书馆服务创新四维度模型以学生、教师等服务对象为中心,以图书馆为主体,以传感器、可穿戴设备、终端等硬件及大数据、云计算等算法为手段,将图书馆的线上资源和线下资源进行整合,从中挖掘服务创新点,最终实现图书馆和服务对象的有效交流互动、服务质量的提高。该模型应当应符合以下要求:首先,深挖各维度的本质特征,以本质特征决定模型在不同情境适用过程中的细微区别,将四个维度有机结合成一个有效的服务产品。其次,建立起智慧图书馆的新服务概念、新顾客界面、新服务传递系统和支撑技术四者之间的有效关联。选择能发挥最佳效果的服务传递系统(服务渠道),将图书馆和服务对象有效连接,注重技术对其他三个维度的支撑作用,使模型各维度的交互方式可以更好地为服务创新这一最终目标服务。最后,将四个维度构成一个完整的系统,并均衡四个维度各自的内容,避免由于某一维度在模型系统中权重过重,或者部分维度缺失导致最终服务产品偏离目标。

综上,构建服务创新四维度模型的总体架构。在模型中,高校图书馆在支撑技术支持下,开发出"新服务概念",通过新的服务传递系统(服务渠道)及新的用户界面传递给服务对象,这个传递过程伴随着服务价值的流动;服务对象对新服务产品的体验感受和对服务的需求向智慧图书馆传递,用于不断改善服务产品。

维度一:新服务概念。高校图书馆是提供服务产品的主体,是进行服务创新、创造服务价值的主体。这种创新并不是生产实体产品,而是由服务对象所驱动提出解决问题的方案或者概念,保证创新服务产品比竞争者提供的产品具有更强的竞争力,对服务对象有更强的吸引力,保障服务创新结果的有效性。新服务概念包含理念创新和概念创新两个方面。

理念创新。以人为本的个性化服务。智慧图书馆将"以人为本"作为其发展的核心理念,引入智能技术,构建立体化的服务环境、扩大服务范围、优化服务手段和服务方式,提供人性化、精准化的服务,用户在不知不觉中使用并依赖图书馆。个性化服务是坚持以人为本,通过对不同服务对象的行为分析,为其独特的需求提供精准多样的服务。在这种理念下,智慧图书馆实现了从"人找书"到"书找人",减少了"服务噪声"的干扰,避免了图书馆服务资源的浪费。同时,虚拟现实、增强现实、体感技术等新技术也在不断涌现,充实了图书馆的服务内容,为后期开发更加个性化的服务产品提供技术支撑。这种理念有别于传统图书馆,智慧图书馆的服务从"千人一面"向"千人千面"发展,不同的服务对象可以定制符合自己实际要求的服务。

一站式服务。高校智慧图书馆一站式服务是以用户需求为中心,将图书馆的服务和资源集成、整合,在一个实体空间内满足用户多种需求使其享受到多元、快捷、高效的图书馆服务。实现一站式服务要做到以下方面:第一,所有软件实现充分互联,用户在任何一个模块登录后,都可以无缝进入其所拥有的软件模块,不需要重复登录。第二,统一数据中心,所有应用子系统、各模块之间高度集成,网页可以和学校其他系统进行集成,实现互联互通、信息共享、安全畅通的高校智慧图书馆服务平台。第三,提供一站式大数据解决方案,并综合各业务系统数据,结合大数据算法,对数据进行统计、分析、输出,使之对用户和管理者的工作、学习提供支撑作用,帮助用户快速搭建大数据分析平台,敏捷制作专属分析报告,并为用户提供灵活的交互式分析操作,在业务协作过程中快速释放数据价值,实现高校智慧图书馆的"一站式"服务。

概念创新。高校智慧图书馆的智慧服务首先体现在智慧的行为,智慧的行为是智慧图书馆的基本特征,体现为全面感知和自我管理。全面感知是利用温湿度传感器、光线感应器、红外传感器等设备和RFID、NFC等信息技术对图书馆设施设备、图书馆内外用户的不同状态予以感知。例如,采用温湿度传感器和光线感应器可以感知馆内环境的变化,自动调节温度湿度和光照强度;GPS、RFID、NFC等技术结合使用,可以准确感知用户位置和移动轨迹、馆藏资源使用频率,汇总形成数据库,为图书馆工作人员决策提供数据支持,自我管理指的是在图书馆实现全面感知的基础上,通过图书馆管理系统分析,实现对图书馆设施设备、资源、人员的有效自动管理,避免了不必要的人为控制与干涉。例如,结合当天室外气温、自然光照强度等数据,将馆内温湿度、光照强度自动调节到人体最为舒适的状态。此外,对馆藏资源使用频率、用户行为数据分析后,可以实现图书等实体资源自动盘点、自动定位、合理排布,电子资源的自动筛选优化、相关度分析、资源推荐等,减少了人工成本,降低了差错率。

更加泛在的关联,利用信息和通信技术(ICT),在时间和空间维度上向外扩展,构造无线泛在的使用环境。第一,将图书馆内部各类设施设备、馆藏资源、馆员这些形式相异、内容不同的系统通过物联网关联,与服务进行整合,使资源从分散、异构向集约、统一转化,为与图书馆外部系统的连接提供统一接口。第二,服务对象通过图书馆提供的接口能够在任何时间、任何地点以任意方式获取到所需的资源、信息和服务,使图书馆的服务效率和资源使用率最大化,真正做到用户在哪里,图书馆就在哪里。

馆员的智慧对图书馆实现智慧服务有着举足轻重的作用,馆员及其智慧是智慧图书馆开展智慧服务及其智慧管理的核心。高校图书馆在不同发展阶段的业务内容和工作重点是不同的。智慧时代业务架构、业务内容、业务流程等都需要重新建设,业务体系必须重新调整和分配,对馆员的业务能力和素质的要求也相应提高。图书馆员不仅要有规范化的服务技能,还要有智慧服务的能力。所以,在人力资源建设上不仅要有高水平的技术人才,还要有专业的学科馆员,以及全面服务能力的复合型人才。

维度二:新用户界面。原模型新顾客界面指服务提供者与顾客之间交互界面创新。肖斯塔克提出服务交互概念,包括服务人员与顾客的交互、顾客与设备和其他有形物的交互,还包括顾客之间的交互。高校智慧图书馆的服务交互是馆员与用户的接触面,用户与图书馆物品(包括实体与电子的资源、设施设备等)的接触面,用户与用户之间的接触面。服务对象指的是享受智慧图书馆服务的主体。对于高校智慧图书馆来说,服务对象除了本校的学生、教师以及图书馆员工,根据服务深度和广度的差异,还有合作企业的科研人员、校友以及馆际交流的外馆用户等。图书馆应以需求为导向,着重搜集现有服务对象和潜在服务对象的需求信息,做好用户界面设计,将服务推荐给用户,并做好与用户的交流与合作方式的设计。

学生需求的界面设计。学生对智慧图书馆的需求包括两方面:一是学习引起的需求,要求创新服务可以更好地满足学生智慧学习、移动学习的需求。图书馆管理系统根据学生用户个人信息和阅读行为数据挖掘结果,及时更新馆藏资源、门户网站、移动客户端内容信息,提供学习资料的阅读链接或馆藏地址,做到内容更新与教学进度相适应。学生可在图书馆管理系统中完成作业、互动学习、游戏学习、增强现实环境体验等新型学习模式,如上海交通大学图书馆的智慧泛在课堂、天津工业大学图书馆的自主学习智慧学习中心等;二是社交实践引起的需求,要求图书馆提供包含场地、硬件和技术的空间。这个空间应当有舒适的环境、专业工具和馆员,能够激发学生的激情和创新力,满足有相同目标和爱好的用户群特定需求。如智慧共享空间集合了图像、视频、音频编辑器和演示软件,可以满足学生中摄影摄像爱好者的需求;创客空间配备了3D打印机等设备,可以满足学生动手实践的需求。这些图书馆服务为高校学生自主学习、协助学习、自由交流以及创新创业提供了专业的信息知识和平台。

教师需求的界面设计。高校教师的需求包括两方面,一是教学引起的需求,要求图书馆打通教务、教学、课程之间的"经脉",简化教学与管理工作。图书馆管理系统可与教务系统、课程系统融合,获取教学大纲、课程进度、教学重难点、学生接受程度、考试成绩等信息,提供教学方法建议,集中完成一站式教参信息设置,用户通过在线课堂、在线交流、数据技术在网络上抓取热点问题、噪声干扰,提高数据有效性,减少查找最新文献及数据耗费的精力。为科研团队创建电子档案,记录成员基本资料、研究方向、项目进度等提供相关的文献资料、学术会议交流活动以及科技查新报告等材料。

馆员需求的界面设计。学者对馆员的研究多集中于核心能力的建设上,馆员是智慧图书馆不可忽视的服务对象之一,是内部服务的重要参与者。馆员需求分为两方面:一是工作引起的需求。图书馆员需要智慧图书馆能够为馆员日常工作服务。例如,基于超高频RFLD技术和物联网技术的智能仓储管理可以感知图书位置,实现图书的追踪,也为馆内智慧导航提高工作效率。二是个人发展引起的需求。基于软硬件技术、组织管理等手段的自助应用服务,将高层次人才从简单劳动岗位中解放出来,转移到学科服务等更高层次知识密集型劳动中,为图书馆员的个人发展提供相应的平台。

其他需求的界面设计。随着智慧图书馆服务深度和广度的延伸,合作企业也会成为智慧图书馆的服务对象。例如,智能知识服务体系,智慧图书馆在进行 RFID、NFC 等设施设备的更新和升级时,需要向厂家提供以往的馆藏资源数据、读者行为部分数据、图书馆建筑数据等资料,以便厂家提供有针对性的、适应智慧图书馆发展需求的解决方案。此外,还有智能咨询服务,合作企业也可接入智慧图书馆数据库,查询馆藏资源,充实企业智库,以解决企业遇到的专业难题,加深企业与智慧图书馆之间的交流互动。

维度三:新服务传递系统。服务传递系统就是生产和传递服务产品的组织。核心是强调现有的组织机构以及现有员工的能力必须适应新服务的需要,通过组织结构重组和人力资源开发促使创新顺利进行。该维度主要是采用怎样合理有效组织结构把新的服务产品推销给用户。高校图书馆每年花费大量的资金购买资源,策划服务,但是服务对象往往不知情、不会用,主要原因是图书馆和服务对象之间缺乏有效沟通和交流。服务传递系统是指将服务产品从图书馆传递给服务对象的途径与方法,是实现两者交流的主要载体,其能否正常运行成为模型成败的关键。

在高校智慧图书馆服务创新四维度模型中,新服务传递系统由服务推广渠道和服务享受渠道两部分构成。第一,服务推广渠道着重解决服务对象"不知情"的问题,除了采用图书馆员宣传、海报宣传、网页公告等传统形式推广新服务,还可将服务游戏化、比赛化,引导服务对象自觉关注研究新服务。第二,服务享受渠道着重解决服务对象"不会用"的问题,分为正向渠道和逆向渠道两种。正向渠道即主动将服务推送给服务对象,充分利用人力资源、计算机技术,O2O(线上线下)服务逐渐成为图书馆服务传递的主要渠道。例如,挖掘在服务系统中储存的服务对象的阅读习惯、好友群、反馈评价等信息,综合运用人工神经网络、推荐算法、情景建模等技术,预测服务对象未来的阅读行为,通过泛在网络向终端推送所需的资料或服务,根据反馈实时调整服务策略和推送内容;逆向渠道指的是服务对象主动向智慧图书馆申请服务,如在门户网站上嵌入公开课模块,为学生提供在线课程服务等。

维度四:技术。技术贯穿于新服务开发的全过程,为高校智慧图书馆、新顾客界面、新服务传递系统(服务渠道)提供支持,可分为三层。第一层是信息与通信技术、大数据技术、云计算技术、深度学习、机器学习等构成服务系统的底层技术,如一卡通的办理、自助借还、电子阅览、读者导读、网上预约、上网,等等。第二层是网站设计、软件开发等面向服务对象的应用层技术,如无线 RFID、图书电磁防盗、自助借还书机等。第三是数字门户信息管理(包括电子图书、电子期刊、专题库)服务层技术,包括人工神经网络、行为科学、客户关系管理等直接作用于服务对象的技术,如远程访问、参考咨询、资源检索与利用、资源发布、数字管理,等等。在应用支撑技术时,应充分挖掘技术潜力,从而规避自身局限。虚拟现实和增强现实技术作为一项新兴技术,仅用来引导新用户识别图书馆布局显然用途过于单一,应在不同场景中尝试这种技术,充分发挥功能优势。此外,在面对百度学术、文库等这些"竞争对手"时,虚拟现实和增强现实技术也是图书馆独有的重要优势,能够吸引到对这方面感兴趣的服务对象。

本节基于服务创新四维度模型,构建高校智慧图书馆服务创新四维度模型:涵盖理念创新和概念创新的新服务概念,满足各对象需求的多功能、多层次的新顾客界面,重视智慧技术推广与服务对象主动申请智慧服务的新服务传递系统,图书馆服务系统涉及的信息、通信、物联网及面向界面设计与开发的新技术等技术四个维度。此研究构建了高校智慧书馆服务创新理论模型,有利于服务创新理论与高校智慧图书馆理论之间的有机融合,促进智慧图书馆的研究与发展。

第六节 以师生为中心的高校智慧图书馆服务

本节从如何建立以师生为中心的高校智慧图书馆展开分析,并以此为依据,提出创新个性化服务、提供专业化服务、提供人性化服务的有效措施,旨在基于信息化背景下,高校在进行智慧图书馆建设的过程中,将师生作为基本导向,有效提升服务质量。

目前,我国的信息技术飞速发展,高校图书馆的服务内容也从原有的提供信息与文献转变为提供智慧服务,逐渐成为图书馆的发展趋势。基于此背景下,相关的管理人员要对如何合理的利用大数据技术与新兴媒体展开探究,要注意将师生作为中心,逐渐提供个性化的服务。与传统的图书馆服务不同,智慧图书馆服务将海量的信息资源作为基础内容,并将现代化的设备与技术作为载体,形成图书馆管理员、师生及资源统一的管理体系。利用先进的信息技术,对师生的需求进行掌控,并提供更加优质的服务。

一、将师生作为中心,创新个性化服务

第一,高校在建立智慧图书馆的过程中,要将物联网作为基础内容,并利用云计算技术,结合智慧化的服务设备,逐步增强图书馆服务系统的准确性。在实际的建立过程中,要将师生的智慧提升作为中心内容,还要根据师生的心理认知水平、实际需求,创新个性化的服务模式,在一定程度上加强师生之间、管理员、资源之间的联系。下面以传统的资源检索为例,建立智慧图书馆并不仅仅局限于为师生提供文献与信息,而是能够对检索信息进行解读与分析,帮助师生形成重要的参考报告,并从终端进行导出。第二,建立高校智慧图书馆,能够将服务融入科研工作与学习工作中,还能够通过师生的原始搜索数据,对师生的资源需求与兴趣点有判断,帮助师生建立个性化的电子档案,并根据检索信息收集整理与分析,储存相关的信息内容,在一定程度上保证信息推送的及时性与准确性,为师生提供更加全面的服务。第三,建立智慧图书馆能够减少管理人员的工作压力,通过为师生开放自助借还服务,使师生在学习的过程中不会受到时间与空间的限制,还能够有效激发学生的学习积极性。第四,智慧图书馆的管理人员在为师生提供服务的过程中,应当突破场地的局限,逐步开拓出多样化的管理平台,转变传统的模式,要求师生提出自身需求,并参与到资源建设的过程中,进而创建出高校智慧图书馆。

二、将师生为中心,提供专业化服务

高校在实际的发展过程中,应当遵循教育部发布的规定,高校图书馆的专业馆员不能低于50%,开展智慧化服务的基础就是建立高素质的管理队伍。基于新时代背景智慧图书馆不论是在问题咨询还是个性化服务方面,都需要大量的智慧型馆员,只有智慧图书馆的管理人员具有较强的信息技术,才能够满足基本的服务需求。基于此,相关的管理人员就要从丰富自身的知识储备入手,不断更新自身的知识结构,有效提升服务水平,紧跟时代的发展脚步。高校在对馆员进行使用与安排的过程中,要进行适当地分类,根据其是否具备较强的专业知识进行岗位分配。针对智慧素养较高的管理人员,要将其安排在智慧服务系统部门中,并在实际的管理过程中,定期开展技能培训工作;对于智慧素养较低的管理人员,要安排其参加专业性较强的培训工作,不断提升其智慧服务意识。在进行高校图书馆的建设过程中,要进行适当的交流与沟通,不断为师生提供高质量的服务,还要对师生的阅读进行隐私保

护,在图书馆内定期开展信息安全素养课程,逐步树立良好的信息安全防范意识。

三、以师生为中心,提供人性化服务

尽管高校在建智慧图书馆的建设过程中将技术作为基础内容,但是相关的管理人员务必要意识到人才是最具体的服务对象。因此,在开展人性化服务的过程中,要注重环境的布置,从藏书设置入手,根据师生的喜爱程度、新书与旧书、重点学科参考书等特点进行摆放。针对新书可以设立专业的展示区,方便师生进行翻阅。在每一层都应当设置桌椅,使师生能够就近阅读,能够对学习知识进行讨论。另外,高校图书馆可以增加音乐文化室、休闲环境及绿色环境等,使师生能够在阅读的过程中得到良好的休息。高校智慧图书馆不仅要为师生提供资源与技术的支持,还要注重将精神品质与智慧结合。基于大数据背景下,进一步体现出协同、创新、和谐的服务理念。在提高图书馆管理效率的基础上,促进师生的知识水平得到显著的提升,为社会发展输送更多的人才。

综上所述,随着智慧图书馆的出现,对于图书馆管理人员的服务意识与水平都提出了更高的要求。随着信息技术的不断进步与发展,师生对于知识生产、知识创新与知识转化的要求逐渐提升。高校图书馆的管理人员要结合时代的发展脚步,不断创新智慧服务新理念,逐渐形成个性化的管理模式,为学生提供更加优质的服务,促进师生的健康长远发展。

第七节 教育现代化背景下高校图书馆智慧服务

教育现代化离不开教育科研的大力支持,高校图书馆作为知识供给和科研工作的重要组成部分,为适应教育现代化要求,要以智慧服务建设为契机,推动高校图书馆的服务转型与全面创新。旨在研究教育现代化背景下的高校图书馆智慧服务的内涵及意义,结合高校图书馆智慧服务存在的问题,探究高校图书馆智慧服务的路径。

2019年2月,中共中央、国务院印发了《中国教育现代化2035》提出要加快教育信息化、智慧化建设,通过创新教育服务业态,推进教育治理方式变革,构建数字教育资源共建共享机制,为教育管理提供科学决策和精准建议。高校图书馆作为知识供给、师生教学科研工作的重要载体,在人工智能、大数据技术广泛应用以及教育现代化推进背景下,图书馆服务要从被动的图书信息查询向满足师生深层次的知识需求转型。为适应这一全新要求,高校图书馆要以智慧服务为目标,加快智能化建设,将知识推荐、知识挖掘和智慧检索等多元服务内容作为提升图书馆服务质量的突破点,通过构建功能完备、服务精准、运行有效的服务体系为教育现代化背景下高校人才培养、科学研究提供支撑,推动高校图书馆转型发展与服务创新。

一、高校图书馆智慧服务内涵及意义

在教育现代化背景的引领、推动下,高校要从"规模扩张"转向"内涵发展"。图书馆作为教学科研服务的主要力量,要注重发挥智慧技术优势,以数字化、智能化为基础,提升自身服务能力,实现图书资源的共建共享。

高校图书馆智慧服务的内涵。随着高校图书馆智能技术应用的不断成熟,尤其是数字化、智能化建设不断加速,高校图书馆管理效率更加便捷,智慧服务从技术概念成为现实可能。图书馆将智能技术应用于图书馆管理与服务中,通过提升图书馆的知识服务能力,为读者营造智能化的阅读环境,满足读者多样化的阅读需要。在信息化环境下,以图书馆丰富的资源为基础充分发挥云计算、物联网等智能技术、智能设备的优势,培养和提高图书馆工作人员的专业素养和智慧思维,为读者提供智慧化、创新性服务。

高校图书馆智慧服务的意义。首先,高校图书馆智慧服务实现了实体服务与虚拟服务的全面融合。通过将 VR 技术和 AR 技术、可穿戴技术等多种智能技术综合应用到图书馆管理之中,构建高校图书馆仿真系统,为读者提供视觉、听觉等多种阅读体验。在读者需求方面,通过利用线下物流配送、主题活动,实现读者线上阅读需求与线下互动需要的智慧融合。其次,高校图书馆智慧服务突破了地域、时间限制,打造了智能泛在的智慧阅读服务,实现了图书资源与阅读服务的全面融合。借助 Beacon、RFID 等技术,高校图书馆迎合了读者新的阅读习惯和信息获取方式。最后,高校图书馆利用人工智能技术的数据分析、挖掘优势,精准分析读者的阅读偏好和潜在需求,为读者提供个性化、智慧化的阅读推荐和咨询参考。在物联网技术、RFID 技术助力下,图书馆资源全面融合,从单一的图书供给服务向多功能、多类型服务转型。

二、教育现代化背景下高校图书馆智慧服务存在的问题

在教育现代化背景下,高校图书馆智慧服务还存在一些不足,具体表现在:馆员队伍的现代化素质尚待提高。在教育现代化背景下,高校图书馆要从传统的资源型服务平台转化为智慧型服务平台。但一部分图书馆对智慧服务定位缺乏精准认知,缺乏从资源整合、服务创新的视角综合认知高校图书馆的职能定位。一些图书馆馆员的职业素养、学习意识、对智慧服务价值的认识不足,尚未掌握扎实的大数据、人工智能技术,难以精准有效地识别读者的多元化阅读需要,将读者需求与智慧服务供给有效融合,缺少支撑引领创新发展的能力,不能胜任教育现代化发展的要求。高校图书馆智慧服务建设多处于"表层"状态,缺乏真正意义上的"智慧"理念和服务思维,难以利用智慧技术实现图书馆管理的根本提升。

现代化的服务体系有待完善。在人工智能技术与图书馆建设深度融合的背景下,高校图书馆的经营范围与业务内容更加广泛,但由于部分图书馆信息化体系建设过于复杂,制约

了图书馆知识服务与读者资源检索的效率与质量,由于尚未形成统一、完善的技术与服务标准,高校图书馆智慧服务建设无法实现学校之间、行业之间的有效协同与知识共享。在个性化服务方面,高校图书馆局限于个人信息、图书借阅历史和检索等浅层次层面,对读者的个性化阅读偏好缺乏应有关注,多数高校图书馆智慧服务仅停留在静态、大众化层面,无法有效满足读者动态、个性化的阅读需要,影响了高校良性互动的网络化、数字化、个性化、终身化的教育体系的形成。

图书馆现代化设施尚待提升。在教育现代化背景下,师生阅读需求更加多元、立体,高校图书馆开展智慧服务,要为读者提供资源共享、共建的阅读环境,切实提升和培养师生的创新能力、协作意识和实践思维。当前高校图书馆受资金、技术因素制约,智慧化设备及平台普及度不足,影响了智慧服务的内容与活动范围。高校图书馆智慧服务建设缺乏对资源要素的充分整合,尚未构建智能化、深层次的智慧服务体系。在阅读咨询服务方面,仅有少数高校将智能机器人应用到读者咨询服务活动,多数高校图书馆面临咨询服务资源缺失、咨询实效性差等现实问题。

三、教育现代化背景下高校图书馆智慧服务的路径

在教育现代化背景下,高校图书馆要突破发展常规、转变服务理念,充分发挥信息化、智能化和数字化等技术优势,提高服务效能,在支撑教学科研、提升学生能力等方面发挥积极作用。

创新服务理念,对高校图书馆职能再定位。教育现代化首先是教育观念的现代化,高校图书馆要与时俱进,对智慧服务职能重新定位。通过创新管理机制,更新技术设备,提高高校图书馆服务供给质量。首先,要以读者阅读需要为基础,注重引进先进技术和设备,对馆藏资源、读者和馆员进行智慧化管理,创新智慧服务理念,优化图书馆智慧服务体系。具体来看,高校图书馆要从理念创新、读者需求、智能服务和技术应用等方面出发,重塑高校图书馆智慧服务模式,创新图书馆服务形态。其次,在教育现代化背景下,图书馆要从传统的图书馆藏机构向信息服务平台转型,以创新知识供给和服务方式为基础,增强图书馆智慧服务能力。最后,要结合时代形势,及时更新服务形态,弥补自身不足。通过建设数字图书馆和个人图书馆,满足读者智慧阅读的个性化、数字化需求。同时,要利用社交媒体的传播、分享和沟通优势,为读者提供经验交流、新书推荐和读者预约等多样化功能,转变图书馆的服务心态,为教育现代化发展创造条件。

读者至上,对高校图书馆服务内容再优化。在教育现代化环境下,终身学习、终身教育、面向未来持续创新已成为师生的普遍诉求,为真正有效发挥图书馆智慧服务的作用,需要优化服务内容,从传统的被动服务向新的主动服务转变,有效诠释读者至上思维。首先,图书馆工作人员要充分掌握大数据、人工智能等先进技术,为读者提供高质量、精品质的服务。

积极采用数字技术、智能技术开发全新阅读服务项目,满足教育现代化的实际需要。其次,要注重发挥技术优势,对图书馆馆藏资源进行搜集、分析和整理,形成新的智慧型产品和增值服务,深化服务标准,拓展新的服务领域。最后,要运用数据挖掘技术对读者的阅读习惯进行汇总、收集,构建阅读服务模型,分析读者个性化、多元化阅读需要,有效匹配图书馆资源,培养既全面发展又有个性特长的,具有国际竞争能力的应用型、复合型、创造型人才,提升智慧服务的质量。

集中资源要素,对高校图书馆服务方式再进一步的完善。现代化首先是人的现代化,人的现代化必须靠教育的现代化来实现。高校图书馆要为师生构建资源高度整合、力量协同发展的智慧服务体系。首先,要对师生通过参与智慧服务所形成的学习、科研成果进行再加工,并融入现有知识体系,从而形成不断积累、互动型知识服务模式。其次,图书馆要注重强化与其他高校、数字阅读企业和出版机构之间的协作力度,形成资源共建、知识共享的服务体系。高校图书馆要充分利用智慧云服务平台优势,为师生提供平等获取知识信息服务,使高校图书馆资源实现互联共建、互通共享,提升智慧服务水平。最后,成立高校图书馆联盟,通过形成统一数据标准,实现图书馆资源共享,提升协同服务能力。高校图书馆要构建通用性服务模式和普适性服务规范,充分发挥高校图书馆在人才教育、学科建设等各方面的积极作用。

突出技术优势,对高校图书馆服务力量再进一步的充实。教育现代化是社会现代化的组成部分,图书馆要不断完善硬件和软件智慧技术,提升现代化水平,建设学术情报中心和阅读基地,为读者提供高质量、便捷性的服务体验。第一,要以优化读者阅读服务体验为基础,构建智慧服务新形态。通过二维码技术、蓝牙扫描技术,为读者提供智慧化的搜索服务。利用媒体融合技术,为读者提供文字、音频和视频等多种阅读形式,加深读者理解与认识。要注重为读者构建高效、立体的阅读分享平台,延伸读者阅读理解、思考。第二,要发挥技术优势,优化读者阅读流程,构建智慧服务新模式。要将"互联网+""智慧服务"和教育现代化等多种理念融入高校图书馆智慧服务体系,优化图书借阅流程,实现读者线上、线下阅读的全面融合。第三,要及时更新智能技术,将其作为图书馆智慧服务建设的核心动力。通过使用VR、AR等穿戴设备和智能机器人,优化读者体验。同时,利用智能技术对读者的阅读行为信息进行数据收集与分析,构建读者行为模型,为图书馆智慧服务构建科学依据。

教育现代化,离不开现代先进的教育思想和科学技术。图书馆的建设从来不是孤立的,图书馆智慧化服务建设不仅事关图书馆的发展,也是教育现代化的主要内容。高校图书馆在百花齐放的思想环境和日新月异的技术进步中,只有更新认识、主动适应、积极探索,才能在高校发展中赢得更为广阔的空间。高校图书馆要紧紧围绕学科发展需求,积极提供专业化、智慧化、个性化的服务,促进图书馆服务与教育教学深度融合,更为精准地对接教学需求,为教育现代化发挥应有的作用。

第五章 高校智慧图书馆知识服务

第一节 高校智慧图书馆知识服务现状

随着物联网、云计算以及移动通信技术的发展,在智慧时代相关理念的提出和影响力度下,近年来,国内高校图书馆在基于智慧时代图书馆服务创新的道路上已经开始迈开步伐,注重用户服务改革与创新。当前国内高校图书馆服务创新实践的主要形式与内容有:①移动服务。在传统的短信服务和服务的基础上,推出新的移动服务方式和服务平台,例如二维码、服务方式和统一的信息服务整合平台。②空间服务。开展基于图书馆建筑物理空间以及网络虚拟空间的信息服务,例如图书馆第三空间服务和网络信息共享空间服务。③知识服务。在传统信息服务的基础上,更强调面向用户信息需求与所处的信息环境提供的知识产品与服务,强调参与用户问题解决的整个过程并提供相应的解决方案,包括知识发现服务、专题情报服务、学科服务以及相应的知识产品。④物联网服务。以技术应用为主,例如基于技术的自助借还系统和智能馆藏管理系统。⑤云服务。包括云存储、云资源共享、云知识库等服务。

一、重点高校图书馆基于智慧时代的服务创新实践现状

总体来说,智慧时代的高校图书馆服务创新实践在国内重点高校处于初步发展阶段,但已经得到逐渐深入,并且取得一定突破。表5-1,详细列举了我国高校图书馆基于智慧时代服务创新实践项目的开展情况。

39所高校图书馆中92%的院校图书馆开通了移动图书馆服务,97%的院校图书馆开通了知识服务,云服务的覆盖率更是高达100%,此外分别有38%、31%的院校图书馆开展了空间服务与RFID服务,在这两个服务的实践上与同时期国外高校图书馆的开展情况相比,还有很大差距,处于起步阶段。从表5-1的数据可以得出,当前大多数国内重点高校图书馆都相继开展了基于智慧时代的服务创新实践,实践形式多样,大部分高校都开展了相应的服务项目,有了较大进展,但在服务内容上深度不够、方式单一。有些高校图书馆在具体的服务项目实践上勇于创新,积极拓展服务内容,优化服务质量,例如南京大学的"智慧图书馆"服务、上海交通大学的IC2建设、北京航空航天大学的移动图书馆服务等。

表5-1 国内高校图书馆服务创新项目开展情况

移动图书馆	知识服务	空间服务	RFID服务	云服务
36	38	15	12	39
92%	97%	38%	31%	100%

(一) 移动图书馆服务创新的实践情况

第一，移动图书馆服务开始深入人心并且逐步得到优化和推广。传统的移动图书馆服务模式主要是短信服务和Wap服务，服务内容大多是原有图书馆基础服务的内容搬迁，在服务内容的深度方面难有创新和突破。基于智慧时代的移动图书馆服务模式突破了传统的服务方式，提供基于Wap、APP、二维码等多种方式并存的创新服务，从传统的基本服务转向面向空间、面向时间、面向情境的智能化服务。根据对39所"985工程"院校图书馆的调查显示，国内重点高校在移动图书馆对于高校图书馆服务建设的重要性上已经基本达成共识，将近92%的高校开通了移动图书馆服务，并且在服务方式和服务内容上有所创新和突破。笔者通过调研发现大多数图书馆都将移动图书馆以及新功能的介绍放在网站首页的显著位置，并且还设置相应的移动服务体验区进行普及和推广，增强用户认知，可见移动图书馆服务在国内重点高校图书馆的发展已经逐渐深入人心。虽然与同期国外高校图书馆的建设水平还存在一定差距，在具体的服务内容建设上还远未达到智慧时代图书馆移动服务的功能要求，但可以看到国内重点高校在移动图书馆服务建设与创新的重要性方面已经基本形成共识，并积极努力实践和进行推广。

第二，移动服务方式多样化，新兴服务方式开始得到关注和应用。在服务方式上分别有15所、33所、26所、35所、3所高校图书馆采取了短信服务、Wap服务、二维码、APP移动应用客户端和移动设备借阅的服务方式（详见表5-2），并且将近80%的院校图书馆有两种或者两种以上的并存服务方式。Wap服务方式和APP服务方式的覆盖率高达80%，二维码也占有不少的份额。由此可以看出，我国重点高校图书馆移动服务方式已经从传统的短信服务方式走向多种服务方式并存，二维码、APP等新兴服务方式快速发展的格局形态。此外，有些高校图书馆还设立移动服务用户体验区，提供移动设备外借等人性化服务。

表5-2 "985工程"院校图书馆移动服务主要方式统计

短信服务	Wap服务	二维码	APP	移动设备借阅
15	33	26	35	3
38.46%	84.62%	66.67%	89.74%	7.69%

第三，在服务内容上大多是图书馆传统服务的内容搬迁，缺乏个性化、专深化与整合化的服务内容。所开展的移动服务主要集中在馆务信息（概况及开放时间）、新闻通知讲座培训、图书馆动态、信息查询（借阅、预约、续借、取消）、馆藏目录查询、数字资源检索、资源阅读方面。涉及面向时间、空间、情境的基于位置的移动图书馆服务几乎没有，在知识统一检索、

流媒体服务、用户虚拟交流平台和移动云服务方面的内容涉及也较少。

第四,移动图书馆系统的开发与应用缺乏自主性。通过调查发现大多数院校使用的移动图书馆服务系统是超星移动图书馆系统和汇文移动图书馆系统,还包括少数书生移动图书馆系统,鲜有结合自身馆藏建设量身定制独立开发的移动图书馆系统。移动图书馆不能千篇一律,千馆一面,缺乏按需定制,应结合本馆特色设置服务功能。

(二)知识服务创新的开展情况

知识服务是高校图书馆服务建设的重要内容,国内高校图书馆由于知识资源共享体系建设的不足以及受馆藏资源类型单一性的限制,知识整合度较低,专题情报检索服务能力相对薄弱,个性化知识服务和学科服务在高校图书馆服务建设中还未得到重视。传统的知识服务其实仅停留在信息服务的表层,基于智慧时代的高校图书馆知识服务主要体现在知识发现与服务平台的构建、学科馆员知识服务、专业化知识服务、参考咨询、个性化知识服务以及知识交流社区的构建上。

第一,知识服务主要项目的开展已经较普遍,并且注重在服务方式与服务内容上的创新。信息服务向知识服务的转移已经开始得到重视,知识服务不再是简单的传统地停留在简单信息加工、检索与传递层面的信息服务的继承。通过调查发现国内重点高校图书馆知识服务创新开展的形式主要为集成的知识发现平台、参考咨询服务、学科化服务和专题情报服务。

第二,大多数院校开通了知识发现服务,但整合力度较低,一站式知识门户的建设处于起步阶段,由表5-3可以发现,当前国内高校图书馆在建立统一的知识门户或者说是学术资源门户方面的实践尚在少数,仅有4个。大多数重点院校都建立了集成的知识发现平台服务,提供集成的知识检索入口,占到总数的92.31%。其中有18所高校在集成的知识发现平台中提供一站式跨库检索的学术信息资源服务,例如北京大学图书馆的未名学术搜索、清华大学图书馆的水木搜索。此外绝大多数的院校购买了商业机构提供的知识发现系统或者数据知识库,但是相互独立,并且分散,由于版权以及图书馆技术等各方面因素的限制,缺乏有效整合。

表5-3 "985工程"院校图书馆知识服务主要形式统计

知识门户	集成知识发现平台	参考咨询	学科服务	专题情报服务
4	36	24	35	39
10.27%	92.31%	61.54%	89.74%	100%

第三,参考咨询服务与学科化服务发展迅速,专题情报检索服务覆盖面广,但服务能力相对薄弱。61.54%的重点高校提供参考咨询服务,这里的参考咨询服务主要是虚拟参考咨询服务。提供学科化服务的重点高校图书馆覆盖率达到89.74%,其中学科导航、学科馆员和学科平台是其主要的服务形式,有多所院校图书馆应用了学科服务平台。专题情报检索

服务覆盖了所有重点高校图书馆,但需要注意的是这些专题情报服务的层次较低,服务延伸不足,功能拓展不够全面,其中科技查新、查收查引和定题服务是其服务的重要形式。

第四,在知识服务模块方面积极探索优化途径,勇于开拓创新。表5-4详尽列举了4所较具代表性的"985工程"院校图书馆知识服务的开展情况。北京大学构建了集成、统一、个性化和特色化的知识门户,应用了智慧的知识发现系统——"未名搜索",创建了知识导航系统和知识交互分享功能,在学科化知识服务方面大力促进学科服务的建设,建立学科馆员制度和学科博客,清华大学建立了学术信息资源门户,集知识导航、整合检索、一站式知识发现平台——水木搜索、个性化服务于同一个门户平台,在学科服务方面完善学科馆员制度,配备了学生顾问和教师顾问,构建了以学者为中心的知识网络。上海交通大学应用了先进的知识发现系统——"思源探索",在学科服务方面除了组建学科馆员体系、创建学科博客和学科服务平台外,还构建IC2创新社区,着力打造创新支持计划服务于品牌,目的是打造和形成"泛学科化服务体系",通过学科资源保障体系建设、创新交流与互动社区、全方位学科咨询、走进院系、融入学科服务、信息素养教育、个性化学术服务等多元服务,形成大学校园泛学科化的服务。通过对39所"985工程"院校图书馆的网站访问,其中有18所院校开发应用了"一站式"知识发现系统,24所高校提供了联合虚拟参考咨询服务,18所院校图书馆应用了学科服务平台,9所高校图书馆联合构建了基于Web2.0的知识交互分享服务。哈尔滨工业大学构建了基于知识应用、知识沉淀、知识创新、知识共享的读者社交网络。湖南大学基于学科服务建立了学科共享空间。重庆大学创建了读者个人知识社区——我的书斋。此外,绝大多数图书馆都提供了科技查新、定题检索等专业化情报服务。

表5-4 知识服务建设具有代表性的"985"工程院校

院校	知识发现平台	学科知识服务	参考咨询	专题情报服务
北京大学	知识门户、集成知识检索平台、一站式资源获取系统、知识导航系统、知识交互分享	学科博客、学科馆员、科研评估、学科导航	CVKS	科技查新、查收查引
清华大学	知识门户、集成知识检索平台、一站式资源获取系统、个性化服务(个性化主页)	学科馆员(学科服务主页、学科图书馆、服务导航)	CVRS	
上海交通大学	集成知识检索平台、一站式资源获取系统、学术搜索引擎、个性化定制检索	学科馆员/博客/服务平台;IC2创新支持计划的"泛学科化服务体系"	CVRS	课题查新
湖南大学	集成知识检索平台、一站式资源获取系统、卓越联盟图书馆知识共享服务平台	学科门户网站、学科共享空间、学科馆员参考咨询	CVIIS/CADA/QuestionPoint	科技查新、定题服务

(三)空间服务的开展情况

空间作为图书馆存在的重要形式,近年来逐渐得到国内高校图书馆决策者的重视。传统高校图书馆的空间服务以提供自习室、会议室、阅览室等基本物理空间为主要形式,而基于智慧时代高校图书馆真正意义上的空间服务是信息共享空间、智能空间、休闲空间、艺术空间、体验空间等元素的集合。

第一,总体来说空间服务的开展相对滞后,但已经开始引起关注并得到实践。国内高校图书馆开展基于空间服务的实践相对于国外来的较晚,由于服务理念相对落后,资金技术相对缺乏以及用户在此方面的需求没有得到有效挖掘和重视,当前国内高校图书馆空间服务的实践相对于国内庞大的高校办学规模和服务人群,总体来说还很滞后,主要表现在建设数量少、规模小,实践形式单一,服务功能还不够完善。但是受到国外以及国内发达地区开放先进的服务理念影响,国内高校图书馆在借鉴他们实践经验的基础上,陆续开始空间服务的创新和建设。尽管在建设数量规模以及实现功能上还存在不足,但是可以预见空间服务在未来国内高校图书馆的建设中将逐渐得到关注和认可,将成为图书馆转型与超越的重要形式之一。

第二,在服务的宣传和推广方面力度不大。有些高校拥有信息共享空间的实体存在,然而在图书馆的网页上没有得到体现和宣传,有些虽然可以在图书馆主页上找到,但是却隐藏在使用说明或者二级、三级栏目下,用户很难在进入图书馆网站的第一时间获取相关服务的内容和信息。

第三,积极探索,勇于创新和实践。值得一提的是上海交通大学的空间服务建设,主要分为两大模块:IC1 信息共享空间和 IC2(创新社区)。其中 IC2 又由 IC2 创新支持计划和 IC2 人文拓展计划两个子品牌构成,IC2 以创新支持计划形成"泛学科化服务体系"为目标,提供的泛学科化服务包括学科资源保障体系建设、创新交流与互动社区、全方位学科咨询、信息素养教育、个性化学术服务、走进院系、融入学科;IC2 人文拓展计划由阅读让校园更美丽、鲜悦、思源讲坛和叔同讲坛、艺术走进校园、主题展览构成。上海交通大学还为用户提供新技术体验区、多媒体视听室(卡拉 OK 中、多媒体试验区、语音区等)、专业化会场服务等服务模式,是高校图书馆空间服务实践的典型范例。此外,西安交通大学也开通了"I Library Space"服务,浙江大学的信息共享空间建设还有了专门的门户网站,重庆大学的创新发现中心、电子科技大学的多媒体学习共享空间和华东师范大学的第三空间建设也值得参考和借鉴。

(四)物联网服务的开展情况

目前高校图书馆基于物联网技术在用户服务层面上的应用主要是应用 RFID 技术创新服务,主要的服务模式是 RFID 自助借还服务模式,除此之外还包括自助漂书亭、自动定位和导航服务、智能预约书架、基于 RFID 技术的个性化用户服务等模式。通过调研以及辅助参考相关文献资料,得出目前 RFID 技术在国内重点高校图书馆的应用现状。

(五)云服务的开展情况

云计算技术的发展给国内高校图书馆既带来机遇又带来挑战,机遇主要表现在:①降低图书馆成本。图书馆能以较少的费用投入获得较多的资源和极高的计算能力。②最大程度实现资源共建共享。③实现图书馆资源和计算能力分配最优化。而云计算给图书馆带来的挑战主要是高校图书馆如何在资源共享最大化的信息环境下保持自己的信息核心地位,如何在众多的云计算提供商中生存并且持续保持自己的信息服务优势?此外随着资源共享服务的开展,图书馆还面临数字资源版权问题的挑战。

二、一般高校图书馆的服务创新实践现状

研究者按省份为单位,选取我国4个直辖市、5个自治区、22个省(不含港澳台地区)共31所一般院校图书馆的门户网站分别进行访问,其中新疆医科大学图书馆和黑龙江大学图书馆的网站主页无法进入,得到有效数据的院校数量为29所。调研的主要内容与高校图书馆一致,旨在揭示国内一般院校图书馆基于智慧时代的服务创新实践现状。通过研究员调查与分析,发现国内一般院校图书馆的服务创新实践力度较小,项目开展的内容与方式单一,有些院校甚至没有相关的服务创新实践,国内一般院校图书馆的服务创新实践现状整体状况大致如下。

第一,一般院校图书馆的服务创新实践相对滞后,开展力度不大。智慧时代的图书馆服务创新实践涉及技术、设备、资源、物理、建筑等各个方面的建设,需要充分的人力、物力和资金条件做保障。一般高校图书馆相对于重点高校图书馆建设经费有限,优秀人才稀缺,同时在政策上也相对缺乏优势,在馆藏规模与建筑空间面积上与重点高校图书馆存在一定差距,在新技术、新理念的实践上也相对滞后。通过调查,笔者发现一般院校图书馆基于智慧时代背景下的图书馆服务创新相对滞后,有些院校图书馆甚至没有此方面的实践和尝试。

第二,在服务方式上,大部分集中于移动图书馆服务、知识服务与云服务,应用物联网与云计算的服务创新方式所占比例较小。移动图书馆的开通比例超过50%,说明近年来移动图书馆服务在一般院校图书馆的应用已经得到重视,形成基本共识,这也与当前移动通信技术的逐渐成熟以及成本规模控制的下降有关系。此外,知识服务与云服务在一般院校图书馆覆盖率较高,主要原因有两方面:其一,知识服务主要由信息服务转变而来,信息服务是高校图书馆服务的主要内容和核心,知识服务由信息服务发展而来,其基础较好,高覆盖率可想而知。其二,针对云服务项目的调查主要是国家性、地区性牵头建设的大型云服务项目,其覆盖的高校图书馆数量较广。例如:三期建设的服务项目,其"数字图书馆云服务平台"的建设旨在为近2000个高校成员馆提供标准化、低成本、自适应、可扩展的高校数字图书馆云服务平台,成员馆可以获取其服务,因此这也是本文云服务在高校图书馆覆盖率较高的原因。

第三,服务内容的广度与深度相对不足,较为单一。首先在移动图书馆服务方面,为图

书馆用户提供资源检索与获取、自助借阅管理和信息服务定制的一站式解决方案,服务内容缺乏针对性;在空间服务方面,仅上海师范大学图书馆提供了信息共享空间的服务,以电子教室、讨论室、咨询区、多媒体制作室的形式整合互联网络、计算机硬件设施以及各种类型的文献资源向高校图书馆用户开放;在知识服务方面,学科服务、专题情报服务是其主要形式。

第二节 高校智慧图书馆知识服务支撑体系

一、体系结构

一个系统或模式运行的基础就是有一个体系为它做支撑。智慧图书馆知识服务模式的支撑体系,基本上可分为四个部分:技术、资源、组织和应用。组织层是注重用户和馆员的开发,通过定期的培训让用户和馆员的心智得到提高,通过实时的交流、合作学习,馆员和用户之间有望达成共同心智,这为开展智慧图书馆知识服务提供了良好的基础。资源层通过图书馆及其资源的集群化、知识的深度挖掘和构建良好的资源保障体系将丰富的馆藏资源进行良好的保存和管理,为用户所用。技术层运用物联网、云计算、RFID等高新技术为智慧服务提供技术上的支持。应用层是通过建立门户网站、搜索引擎、移动端知识服务平台等来为用户提供便捷、高效、人性化的智慧服务。

二、组织

(一)加强图书馆员的素质及能力

智慧图书馆知识服务的三个要素是图书馆员、用户和知识。图书馆员是知识和用户之间的"桥梁",只有"桥梁"建的稳固、扎实才能充分地将用户和知识完美结合起来从而达到事半功倍的效果。

首先,图书馆员应该树立敬业、奉献精神,敬业指图书馆员要提高自身的专业素质,馆员应该在认真工作的同时积极提升自己的智慧和专业技能水平,努力学习完成自己的本职工作所需要的各种知识和技能。奉献指的是图书馆员的服务,图书馆的属性之一就是服务性。作为图书馆的馆员应该具有默默无闻的奉献精神,应该时刻谨记他们的职责就是服务用户,以为用户解决问题、帮助用户提升素质为自己的使命,应该遵循智慧图书馆以人为本的服务理念。如果图书馆员还是采取被动服务、消极服务的态度的话,即使图书馆的建筑、设备再先进,馆藏再丰富,服务再智能,用户也会敬而远之,因为用户永远都是把服务放在第一位的。

其次,图书馆员应该具备良好的道德素质。和谐社会中,图书馆是精神文明建设的阵地,馆员作为图书馆的守护者、用户的领路人应该时刻加强自己的职业道德规范。图书馆员在做好自己本职工作的同时,必须确立良好的道德观念,甘为人梯,乐于奉献;兢兢业业,忠诚敬业;修身养性,服务他人;不断进取,开拓创新。只有这样,才能充分发挥自身的优势。

最后,图书馆员应该在掌握自身专业知识的同时,培养自己其他方面的知识和技能,做一个全面知识型人才。馆员应该不断加强自身的知识储备,锻炼自己归纳、分析、整合知识的能力,注重知识的深度挖掘,提升自身的心智和智慧,只有这样馆员才能更加了解用户的心理,与用户达成共同心智,为用户解决问题。在智慧图书馆里,馆员还应提高外语能力、社会交际能力、计算机和网络管理能力等,只有注重各方面知识的学习,提升自己的能力才能在社会大众面前塑造自己的形象,获得尊重。

(二)注重对用户的开发和培训

由于科学技术和互联网技术的快速发展,用户能够获取的资源越来越多,但由于各种资源出处不同,资源的质量有高有低等原因,使得用户在面对杂乱无章的资源时常常茫然失措,不知道哪个才是最适合自己的,加上我国信息资源分布不均匀导致一些地区的知识资源严重匮乏。由此注重对读者的开发和培训是智慧图书馆服务不可或缺的重要内容,智慧图书馆有义务将知识的种子播撒到每一个用户手中,要拓展和经营自己的用户群体,始终把以人为本的理念放在心中。在智慧图书馆环境下,提高用户的知识素养有以下三种方法。

1.泛在学习

智慧图书馆可以将泛在智能技术融入读者的开发和培训中,比如为用户提供不受时间和空间限制的学习氛围,与用户全天24小时保持实时交互,提供用户彼此交互的服务平台,让用户自己可以共享资源和知识,将人本思想内涵潜移默化地融入用户的学习过程中。

2.移动学习

在4G/5G环境下,移动学习的效率完全可以得到保障。智慧图书馆应该为不同用户提供不同的学习方法和资料,将知识资源巧妙运用,建立个性化移动学习路径,根据用户的能力和喜好挑选学习内容,充分考虑各种适合不同层次、不同学习偏好的用户,为他们营造移动学习的氛围情境。

3.差异学习

每个人的出身和背景都不一样,这造成了其知识素养和理解知识的能力各有不同,有的用户文化水平低,新技术设备的应用能力差,而有的受过高等教育,各方面的素质和能力都比较强,此外人的智力、心智、性格、心理素质等相差甚远,这也就导致每个人都有一套属于自己的学习方法和经验,其知识结构和学习动机更是千差万别。智慧图书馆利用数字智能技术能够提供非常完善的个性化学习系统,让用户能够主动学习、远程学习和自主学习,并根据用户的实际情况和其接受知识的能力提供必要的辅导和帮助。另外还要为不同的用户

（如年龄、获取知识能力、心智的强弱等要素）分阶段、分层次地订制学习计划，将主动权和自主权全权交给用户，让用户挑选自己感兴趣和适合自己的学习计划来进行学习。

三、资源

（一）图书馆集群化

在智慧图书馆环境下，集群化就是在一个适当的范围内选取一个资历最老、经验最足的图书馆作为中心馆，再挑选一些成员馆形成集群化网络。该集群网络下的所有图书馆的管理方式及知识组织方式都是一样的，同时将各个图书馆的馆藏、各个知识库的资料、众多人类的智慧整合在一起，形成一个整体，运用智能技术统一化管理。图书馆集群化管理使得馆与馆之间从陌生变为熟悉，彼此分享自己的馆藏，查缺补漏，共同进步，从而达到了互利互惠的目的，这种管理方式具有里程碑式的意义，因为它真正提高了图书馆的服务质量和服务能力，并为用户提供了多种新型服务。图书馆集群化不单单包括资源的集群，还包括馆员、技术、服务等多方面的集群。图书馆集群化是一个全新的服务管理模式，以中心馆为核心、成员馆为辅的形式形成了一个具有资源共享、优势互补和共同发展特点的图书馆服务体系，通过这种新管理模式，图书馆的服务质量会不断稳步提升。

要想达到图书馆集群化这一目标就需要做到如下两点：

①在某区域实施图书馆集群化管理前，一定要做好充分的调查工作，选取该区域内最具权威的图书馆作为中心馆，将中心馆的所有馆藏、服务理念、建馆经验毫无保留的分享给其他成员馆，让中心馆带动成员馆共同进步；各成员馆之间也应勤沟通，以为用户提供更优质的服务为共同目标。

②在实行图书馆集群化管理模式时，要秉承一个都不能少的工作理念，即对每一个成员馆公平对待，彼此尊重，以解决区域内所有图书馆共性问题为原则，以先进带后进，最后一起完成目标，共同进步。

（二）资源保障体系

资源保障体系是以完善的图书馆集群化管理为基础的，该体系不仅将图书馆的资源有机结合起来，还将图书馆以外的资源如网络虚拟资源等根据需求收集起来，使馆藏资源更加丰富，以便为用户提供高品质服务。

在资源保障体系的建设中，最先要巩固的就是本地资源建设，应运用智能技术将本地的珍贵纸质馆藏文献做数字化处理，与现有的数字资源进行整合，形成具有自己风格的资源体系，此外还应注意收集其他方面的数字资源并引进精华部分，以此丰富自身的资源建设。

其次，图书馆还应树立多种形式文献信息资源共同发展的思想观念。当今，数字资源的发展可谓突飞猛进，甚至有取代纸质资源的势头，这就需要图书馆在今后的工作中注重网络资源的开发，使得网络资源和纸质资源进行互补，这样才能更好地为用户服务。每天网络上都充斥着令人眼花缭乱的各式各样的资源，据统计，全球每天会产生700余万个网页，所包含的资源类别更是数不胜数，网络是目前产出资源最多的地方之一。虽然网络资源每天都在增加，但是网络资源的消失速度也是相当快的，一般网络资源的平均寿命只有44天，这也就意味着有相当一部分的资源会随着时间的推移而永久消失。这就需要图书馆每天在网络里检索和筛选有价值的资源，不但将其作为自身的数字资源进行链接和导航，而且还要进行有效保存，作为其资源保障体系的一部分。

最后，在完善图书馆资源的同时，还应注重图书馆员素质的培养，因为用户的要求越来越高，越来越个性化，这就需要图书馆员要不断丰富自己的知识，扩展自己的知识面，同时增强与用户沟通的能力，提高自己解决问题的能力。

(三)对知识进行深度挖掘

在知识的世界中，隐性知识就如同冰山模型中潜在水里的那部分，其分量是显性知识的好几倍，对知识进行深度挖掘是指，通过智能技术在浩瀚的知识海洋中，搜索那些隐藏在显性知识下的隐性知识，把隐性知识显性化供全社会使用。在智能技术的支持下，知识挖掘可以在多个层面进行，如馆员之间、各馆各部门之间、各馆之间等。

图书馆馆员之间的知识挖掘是通过馆员间的沟通和互相学习来完成的。有些馆员所拥有的知识如经验、工作的方式方法等在课本上是学不到的，这就需要馆员之间及时沟通，互相吸取他人的经验，从而使自己变得更加智慧。例如：可以让经验老道、工作多年的老馆员来帮助新来的馆员，通过新老馆员之间的沟通能够让新馆员获取相应的工作经验，从而更快的熟悉工作环境，达成共同心智，这样有利于发觉隐性知识。

此外，图书馆是由多个部门组成的，如流通部、采编部、检索部等，缺少任何一个部门图书馆都不可能正常运转，所以部门之间也应常沟通，各部门应该将自己所拥有的隐性知识贡献出来。要想将这些隐形知识整合出来可以借助以下两个方法：一是采取合作的形式，通过合作让各部门之间对彼此都有更深层的理解并彼此吸取各自的经验和知识。二是各个部门将自己所拥有的所有显性知识通过认真的分析与整合后，共享到每一个部门中去，让这些知识成为大家的共同知识，让所有人共同进步，从而全面提高图书馆的工作水平。此外，各个部门还应该进行频繁的联系和交流，例如，流通部根据用户的借阅情况向采编部提出采购意见，这样采编部才能查缺补漏采购到用户最需要的文献资源，为用户提供更优质快捷的服务。

图书馆之间的知识挖掘是指各个图书馆应该将自己的显性知识和隐性知识加以共享，让其他图书馆去研究和挖掘自己的知识，达成互帮互助，共同进步的局面。例如，实力较强的图书馆可以定期开设知识讲座，将自己的工作经验和工作中吸取的教训分享给其他图书馆。此外图书馆之间可以将彼此的隐性知识进行归纳总结,最后形成统一的工作制度与管理办法,在各个图书馆之间进行交流和学习,使之转化为显性的知识。

(一)建立门户网站和搜索引擎

智慧图书馆应该建立属于自己的智慧门户网站,用户可以登录网站了解该智慧图书馆的详情并进行一系列的服务,比如借还书、预约图书馆座位、网上即时参与咨询等。网站还应设立网上学校,用户可以根据自己的喜好在网上学习知识,在学习结束后如有疑问还可以反馈给相关的学科馆员,学科馆员会及时与用户沟通并提供帮助,解决问题。另外,智慧图书馆还应将定期开设的知识讲座在其门户网站上进行同步直播,将直播内容有效保存并在其网站上设立链接,使得没有时间亲临现场的用户也可以获取讲座的内容。

现今的大型搜索引擎如百度、谷歌等都可以提供大众化的信息,但要想在此类搜索引擎中获取一些较高水平的专业知识会很困难,所以在建立门户网站的同时,智慧图书馆还应建立属于自己的搜索引擎,应该通过智能技术将大量的网络信息进行去重并重新归纳和整理,形成全新的知识精华,并将这些知识精华导入到自己的搜索引擎数据库中,供用户使用。与此同时,搜索引擎还应该设立反馈平台。当用户在使用搜索引擎没有搜到自己所需的知识时,用户可以利用反馈平台将自己的意见或所需知识告知智慧图书馆,智慧图书馆会根据用户的要求采取相应的措施去解决问题。

(二)建立移动端知识服务平台

智能手机、平板电脑的出现无疑宣告了计算机不再是人们获取网络信息的唯一途径,加上2013年年底我国工信部向移动、联通、电信正式发放TD-LTE牌照后,高速网络逐渐在我国普及。这为构建智慧图书馆移动端知识服务平台打下了坚实的基础,它可以在智能手机和高速网络的支持下,为用户提供更方便、更高效的服务。

移动端知识服务平台打破了以往传统图书馆的服务模式。例如:有的人由于工作或其他原因根本没有时间亲临图书馆享受相关服务,移动端知识服务平台的出现完美地解决了这一问题,用户可以利用自身的碎片时间来获取自己感兴趣的知识而不用亲自去图书馆;用户可以通过移动端、知识服务台、浏览文献资源、借阅书籍、收看知识讲座等物理图书馆所拥有的大部分服务,其最大的优点就是用户可以完全摆脱时空的束缚,在任何地点、任何时间都可以享受到图书馆的优质服务,它就像用户身边的知识管家一样,随时随地听从用户的差遣。此外,在建设移动知识服务平台的同时,应该时刻注意用户的反馈意见,虚心采纳用户的建议并做出及时的更新调整,使之更适合用户使用,做到真正的人性化。

(三)自助图书馆

自助图书馆是指利用物联网、RFID等智能技术建成的图书馆,自助图书馆是一个智能的、无人看守的24小时图书馆。它可以为用户提供借还书、办理书证、预约图书和检索服务等。自助图书馆不受时间的限制,用户随时随地都可以使用它,这不但节省了图书馆的人力资源还方便了用户。

五、技术支撑体系

(一)物联网技术在智慧图书馆中的应用

物联网是一个充满智能化的网络,是指通过一系列智能技术,按照一定的标准,把一切物品与网络相连,进行资源通信和彼此交流,最后形成一种集智能化管理、整合、定位、跟踪等特征的网络。

在物联网的支持下,智慧图书馆可以通过智能手机、平板电脑、红外感应设备、GPS等感知设备,对图书馆的各类载体资源、图书馆运营状况、用户的使用情况等进行深度感知、测量捕捉和传递;智慧图书馆可以利用物联网的特点,使得人、物、资源三者之间,在任何时间、地点都可以进行互联互通。在此前提下用户可以让智慧图书馆按照自己的要求,定时地推荐和推送自己感兴趣的信息,形成个性化的定制与推送知识服务。此外,在物联网环境下,智慧图书馆应该始终秉承以人为本的核心服务理念,利用高端的智能技术时刻感知用户的体验状况,熟知用户的需求,积极采纳用户提出的建设性意见,并创新出多种适合和方便用户的服务方式,让用户自助选择所需要的服务形式,如24小时自助图书馆、RSS订阅服务等。

(二)云计算技术在智慧图书馆中的应用

云计算就是将资源储存到"云网络"中,用户可以通过"云网络"获取或储存自己的资源,这样可以节省图书馆的存储成本,方便了用户的使用。在智慧图书馆的每个角落,都安置了云计算传感器节点,这些节点利用云计算技术可以访问远端各式各样的网络信息、知识库、数字图书馆等,再将这些资源全部融合到一起,利用云计算节点上的智能数据挖掘整合系统对这些资源进行再处理,使之容易让用户使用和接受,为图书馆新开发的知识服务提供技术支持。但是仅凭智慧图书馆里的这些云计算传感器节点来处理它们所搜集的这些大量资源是远远不够的。为了处理资源更加高效,需要借助云计算的思想,也就是指在网络中设立大量的右节点,图书馆将需要处理的资源上传到右节点,右节点经过精确的计算处理后再返还给图书馆,这样使得每一个图书馆的资源处理平台都拥有一个良好的资源处理支撑环境,且提高了效率。此外,当图书馆的资源过大已经超过了图书馆的储存负荷时,图书馆可以将这些资源存储到云计算环境中。

综上所述,将云计算应用到图书馆中不但可以提高其处理资源的速度,减轻了存储负荷,还能以相对较小的成本去实现一些智慧图书馆环境下的特色知识服务。

(三)大数据技术在智慧图书馆中的应用

大数据技术的出现不是为了掌控容量巨大、类型繁多的资源信息,而是对这些资源进行再处理、深度挖掘,通过对资源的重新"改造",实现资源的"增值"。在智慧图书馆中,大数据技术可以捕捉到用户大量的信息,包括他们的兴趣爱好、擅长的领域、检索习惯、行为等,通过对这些信息的深入研究和分析,可以了解到用户真正需要的是什么。在充分掌握了用户的需求后,智慧图书馆才能选择最恰当的服务方式来为用户服务,大数据技术可谓起到了"对症下药"的作用。此外可以利用大数据的深度挖掘技术,将大量隐藏在显性知识中的隐性知识挖掘出来,为用户所用,这不但大大提高了资源利用率,而且还提高了服务质量。

RFID是一种无线通信技术,可以通过无线电讯号识别特定目标并读写相关数据,而无需识别系统与特定目标之间建立机械或者光学接触。

RFID技术在智慧图书馆中有着广泛的应用。

1. 自助借还系统

它区别于以往的借还书系统,用户可以通过RFID技术一次性完成多册图书的借还,这大大节省了用户的时间,减少了用户排队的可能性,提高了效率。

2. 智能化管理

RHID技术可以对图书进行智能分类和清点、自动分拣、整理书架等,这些平常需要人工完成的烦琐工作现在都可以用机器来替代,这减轻了图书馆员的工作负担,可以让馆员有时间提高自己的知识素养,完成从图书管理员到知识服务者的蜕变。

3. 智能定位

图书馆将馆内的所有馆藏都贴上RFID标签和传感器,利用RFID全球定位系统等智能技术可以让用户很快找到所需文献资源。此外,图书馆每天会产生大量的错架、乱架的图书,这难免降低了图书馆的服务质量,馆员可以通过RFID查询系统,将错架、乱架的图书编码输入系统,系统会快速感应,最后识别出图书的位置,这样就完美解决了图书管理工作中的难题,为馆员和用户带来了极大的便利。

现今,数字技术的不断开拓和进步、互联网的全民化和用户持续增长的个性化需求,图书馆的知识服务遭受着巨大的冲击和质疑。图书馆要想在网络化、信息化的社会中站稳脚跟,就必须加强其知识服务建设,提高服务质量和水平。如何推广知识服务并让更多的用户来体验是当下图书馆所要解决的核心问题。智慧图书馆的主要思想就是以人文本,以"书书、书人、人人动态相连"的新型服务思想和灵活多变的服务模式给用户营造出一种自主、高效的服务环境,本研究提出的基于共同心智的智慧图书馆知识服务能够很好地增进用户与馆员的交互,在共同合作学习的前提下,提升彼此的心智,该模式的提出为图书馆知识服务的创新起到了推波助澜的作用。此外,我国还可以借鉴国外智慧图书馆和知识服务的研究成果,试图将国外的服务模式和理念引入我国,更有助于我国知识服务的发展和创新,从而改变图书馆的形象,吸引更多的用户,让图书馆重新站在知识服务领域的顶端。

第三节　高校智慧图书馆的知识服务模式

充分利用最新个性化技术手段，分析用户需求，整合相关数据资源，为用户提供智慧服务，转变图书馆和用户之间的交互方式，同时协同平台智慧推荐服务，为读者提供高效率、高时效、精确化的个性化知识服务，是实现智慧图书馆服务的重要手段。智慧推荐能够为用户提供量身定制的智慧性服务，充分体现了智慧服务的"智慧化"和"个性化"。

一、高校智慧图书馆服务模式整体架构

本节研究基于推荐系统的智慧图书馆服务模式，以服务读者用户为核心，侧重点在依靠信息技术，为图书馆提供个性化、智慧化的服务。从总体上设计高校智慧图书馆服务模式总体框图。

高校智慧图书馆提供的智慧性服务，主要从智慧数字图书馆与智慧移动终端服务切入，分为四个模块。在技术层面，从技术层、资源层、服务层及应用层，对智慧图书馆服务设计进行技术构架。

一、智慧检索

（一）智慧检索流程

智慧检索是智慧推荐的前提和基础。检索是用户获得信息的第一步，高校图书馆智慧检索旨在使读者更快速、准确、高效、有序地检索到所需信息。相对于传统检索，智慧检索一方面能够记录和分析用户的检索行为，从中识别出用户明确的或者潜在的需求偏好，为用户呈现最具相关性的检索结果；另一方面，能够通过用户对检索结果的反馈或评价，自动校正检索策略，使用户获得最贴近需求的资源信息，在检索上提升用户的智慧化体验。传统信息检索是基于关键字或者基于相似性的检索，智慧检索的基本理念是为了实现既定用户的既定需求。智慧检索在传统检索的基础上，为用户智能地过滤掉一部分对于用户可能无效的信息，帮助读者用户更加快速精准的定位自己所需资源信息。不是每个用户每次访问图书馆网站都会登录读者服务，大多用户只是试图快速检索到他们所需要的图书。因此，许多用户通常都会倾向于最为省时省力的行为和方式来达到他们的检索目的。通过智慧检索，能够使检索结果更具针对性，同时包含直接指向最终结果页面的链接，因此不仅能帮助用户避免图书查询的盲目性，缩短查询书籍的时间，降低检索难度，同时还能提高用户检索效率，提升图书检索结果的准确性和可靠性。

（二）智慧检索模型设计

用户行为信息中存在着很多有价值或者潜在价值的知识和规则。智慧检索服务能够通

过对用户检索行为及隐含关联行为的分析，采用数据挖掘、关联规则等技术，在相关详细信息页面相应位置，向没有登录的大众用户提供推荐服务，推荐与其检索或浏览的图书相同、相似或相关书籍，以帮助用户更快捷、更准确地找到需要的图书，从而减少查询图书的盲目性，降低图书检索的难度。智慧检索其本质是一类非个性推荐，是数据挖掘分析技术在信息资源检索处理中的一项实际应用，属于一种对网络中信息资源的分析挖掘活动。目前，OPAC联机公共检索目录，是高校图书馆检索图书馆馆藏资源的主要网络入口，是读者用户与图书馆进行书籍查询与浏览最重要的平台与窗口，读者用户对图书馆各种图书文献资源的利用离不开OPAC系统，其功能的设计与实现，对图书馆的服务质量与资料利用起到最为直接的影响。因此，智慧检索技术的发展，在相当程度上依赖于OPAC系统。用户通过OPAC搜索引擎检索图书馆资源信息，在图书馆网站后台能够形成用户查询日志信息，用以描述用户的检索行为。智慧检索系统可以构造用户行为模型，在查询并分析用户行为日志的基础上，挖掘用户检索行为的潜在信息，然后预测用户可能访问或者偏好的检索结果，智能地选择、推荐与用户兴趣或行为相接近的信息资源。智慧检索服务通过把用户检索与检索结果相关联，对检索结果进行行为的隐性知识显性化处理，向用户推荐隐藏图书，能够让用户在检索时提高精准度，同时感到新颖和多样，这样充满知识相关度或相似性的智慧检索，会对用户产生更大诱惑力。

三、智慧推荐

（一）智慧推荐模型

智慧检索是为用户提供智慧化服务的第一步，主要服务于一般大众用户，属于一种粗略的精细。智慧推荐类似于搜索引擎为代表的信息检索系统，但更强调个性化、多样化和新颖化的推荐结果。搜索是你明确地知道自己要查找的内容，但在信息过载下搜索已经无法解决问题。推荐系统则是一个"推"和"拉"的互动，即向用户推荐信息资源，同时向用户提供和展示信息资源，帮助他们选择信息。和智慧搜索引擎将搜索结果在一定过滤基础上进行简单的罗列相比，智慧推荐则能够研究读者用户行为偏好，建立读者用户模型，发现读者用户的兴趣点，从而满足读者用户信息资源索取多样化的新需求，提升高校图书馆图书文献资源利用率，增强对知识信息的智能处理能力。智慧推荐系统以融合数字信息资源向读者服务为核心，其主要任务是链接用户与信息，由查询的被动到推荐的主动，具有人性化、个性化及社交化的特点，帮助用户找到有价值的信息，还可以让潜在的有价值信息呈现在用户面前，以实现知识生产者与知识消费者的共赢。此外，一个优质的智慧推荐系统，一方面能够向读者用户产生智慧化推荐；另一方面，能和读者用户构建紧密的联系，使读者用户对智慧推荐形成依赖。

智慧推荐的本质是能够针对不同读者用户的个体差异性，主动为读者用户提供不一样的量身打造的信息资源服务内容。主动性的实质是智慧推荐能够自动地依据读者用户的知识需求为其匹配适合的服务内容。智慧图书馆的智慧推荐应该有个性化定制与推送、粗略智慧推荐和精细智慧推荐服务三种服务方式。

(二)智慧推荐技术架构

智慧检索的推荐功能是面向大众用户或者特定用户,而不是针对某一用户的兴趣爱好、借阅历史等,推荐对象是所有检索使用者,而不是特定用户。因此有其自身的局限性,而智慧推荐则是以每个用户为核心,为每个用户提供智慧化、智能化的服务。传统的推荐系统,其推荐效果并不是很好,也存在诸多问题。智慧推荐的基本要素主要包括读者用户、项目及推荐算法,而其核心是推荐算法。智慧推荐系统就是利用各种推荐算法,挖掘读者用户有兴趣或者可能有兴趣的图书信息资源,之后推荐并展示给读者用户。智慧推荐则在传统推荐基础上,更加细致、更加精准地考虑了读者用户的各种特征,尤其是大数据、云计算的到来及数据分析与挖掘技术的深入发展,使得智慧推荐能够挖掘到用户更多更细腻隐性的信息,使推荐的结果更加精准,更加多样,层次更加广泛,更加体验以读者为核心的智慧化服务。在书籍推荐服务基础上,探讨智慧推荐实现模式,构建高校图书馆智慧化推荐体系。与图书推荐服务相比,智慧推荐实现的是一种按需和主动的信息智能获取模式,以用户的行为特征和兴趣属性为指导,建立从用户兴趣知识到服务信息的分类,针对读者用户量身定制的推荐技术,尽最大限度地满足读者用户个性化、多样化的信息智能获取。同时,在研究现有文献自动分类机制的基础上,探讨通过自动化数据收集和分析,感知用户位置、情境以及用户意图,同时社交网络、移动互联网与图书馆推荐服务与知识智能获取相融合,以提高读者用户对智慧推荐的黏着性,实现真正的智慧推荐服务。

大数据、云计算时代背景下,高校图书馆中愈加充斥着各种各样的非结构化、半结构化、结构化等数据。智慧图书馆时代,所有读者个人及其借阅信息、所有书本信息、数字资源等信息数据是复杂海量的,同时也受到用户地理位置信息、感知传输数据信息以及社会化网络信息等相关数据的影响,信息资源呈现出空前丰富的状态。智慧推荐系统需要借助数据挖掘、云存储、云计算等大数据处理技术,利用各种技术从大规模数据提取并分析数据内在特征和文献的相关性,同时根据用户兴趣及需求,或用户个人借阅历史、阅读习惯等分析读者用户行为,并主动地提供其真正所需的知识服务,将潜在的有价值的信息进行分析提取归纳,然后才能向用户进行信息匹配。云存储和云计算技术,能够解决大数据环境下无限制数据存储和数据高效运行计算的难题,通过技术处理及构建模型,从而能够提供更加优质、更加智能、更具智慧性的推荐结果,为读者用户提供近乎量身打造的智慧性推荐。

四、智慧 APP

(一)智慧 APP 服务设计

高校智慧图书馆其核心为智慧服务,而智慧服务的核心为以人为本,以用户为主体,服务用户,关怀用户,奉献用户。移动互联技术在近年得到飞速成长和发展,移动通信网络逐渐与互联网紧密融合,极大拓展互联网服务的时间和空间。同时,移动互联与移动设备的移动性、便携性等特征使得智能移动终端设备日益普及,智能移动终端设备包括手机、平板电脑、掌上阅读器等已渐渐地成为人们获取信息资源服务的主要平台。移动终端设备不受时间、地点等限制,这为读者用户提供无处不在的服务成为可能,读者用户能够随时随地以任何方式获取信息资源。因此,以移动终端设备为主体的移动图书馆,开发高校图书馆的独立APP是大势所趋。

泛在服务即无处不在的服务,是智慧图书馆提供服务的突出特征之一,是指以智能移动终端设备为基础,为读者用户提供任何时间、任何地点和量身定制的服务。在智慧图书馆的环境下,应该打破时间和空间限制,为用户提供全方位、多层次、多形式、宽领域的信息资源获取、推送与推荐服务。泛在智慧服务模式是依靠云计算、智能移动终端、物联网等信息技术,实现传统图书馆和数字图书馆由为读者用户提供单向服务向为读者用户提供双向智慧服务网络的泛在服务转型。为此,研究和开发高校独立智慧APP服务,是智慧服务模式泛在化的表现。

(二)智慧APP层次架构

智慧APP推荐是解决信息过载、用户方便、服务无处不在的重要手段。该推荐系统能够利用其在移动网络环境下的种种优势及有利条件,通过移动端设备等为用户提供基于情景等的推送服务,可以更加精准、更加容易的获取用户的信息,预测用户的偏好,实时性更高,用户可以随时随地享受智慧图书馆提供的各项资源和服务。高校通过开发智慧APP,利用移动推荐系统,用户就可以随时随地获得任何形式的服务,同时获得为其量身定制的,具有个体差异化的智慧化服务,服务更加方便智能,简洁而迅速,使得智慧图书馆拓宽了服务的领域和手段,以用户为核心,为用户服务。各高校图书馆都应该有自己的智慧APP,通过智慧APP,用户能够登录系统,完成书籍查找、借还书、预约、续借等基本的服务,同时还能够为用户提供书籍检索、热门借阅、借阅排行、热门收藏等非个性化一般性服务,也能够为每一位用户根据其自身的特点,利用智慧移动推荐,根据其隐性或者显性信息,帮助用户寻找信息资源,提供差异化服务。

第六章 高校智慧图书馆服务创新与发展

第一节 基于媒体融合的高校图书馆智慧服务体系

将媒体融合背景下的新服务理念、新技术环境、新经营模式有序地引入高校图书馆智慧服务体系当中,是当前图书馆界的研究重点。分析媒体融合、高校图书馆智慧服务的内涵及相关影响,探讨媒体融合环境下高校图书馆智慧服务体系建设的基本层次,提出媒体融合环境下高校图书馆智慧服务体系建设的对策,以期能够为高校图书馆建设智慧服务体系提供参考。

随着新媒体技术的不断革新,传统媒体与新媒体的大规模融合并应用于服务行业的发展已经成为时代的必然趋势。近年来,国内高校图书馆加快了智慧服务体系的建设步伐,并逐步实现了与各个媒体渠道的融合发展。然而从实际效果来看,诸多媒体融合背景下的新理念、新技术并未得到充分的应用。在高校图书馆智慧服务体系当中,仍然有不少业务工作停留在单一媒体处理阶段,从而使用户的多元化服务诉求无法根本性地予以解决。因此,如何正确看待媒体融合与高校图书馆智慧服务体系的关系,并将媒体融合背景下的新服务理念、新技术环境、新经营模式有序地引入高校图书馆智慧服务体系中,应当成为高校图书馆充分重视的问题,并积极进行探索。

一、媒体融合与智慧服务

(一)媒体融合的内涵

"媒体融合"技术源于数字化技术和移动互联网技术。这两项技术的共同运用,使得信息传播的成本大幅度减少;一方面,数字化技术使得文字、图片、声音、影像等传统媒体内容的传输承载力进一步提升;另一方面,移动互联网技术不仅提高了信息传输的效率,而且使得用户可以随时随地接收到数字化信息。从本质上来讲,"媒体融合"主要是传统媒体与新媒体在传播渠道、传播内容以及传播方式上的有序融合。其中,传统媒体主要包括报纸、图书、无线电台以及有线电视等大众常见的媒体形式;新媒体主要包括便携式笔记本电脑、智能手机、平板电脑以及数字模拟电视等。通过"媒体融合"的发展,传统媒体供给主体和新媒体供给主体在资源方面进一步达到了共享共用的效果,同时衍生发展出新形式的信息产品,然后通过互联网渠道传递给不同的用户。"媒体融合"作为信息时代深度发展下的一项全新理念,将会随着技术的全面进步在内涵和外延方面取得新的突破,未来"媒体融合"不仅会在技术融合方面取得创新,而且会极大地推动信息经营方式的融合发展。

(二)高校图书馆智慧服务

高校图书馆服务发展的沿革已经历了传统文献服务、信息化服务、知识服务阶段,目前正处于知识服务向智慧化服务的转型发展时期。发展的重点由当下高校图书馆知识服务中所实施的知识检索、知识传递与知识共享等服务内容,逐步向知识服务目标下的知识重组、知识创新、知识价值挖掘以及知识生产力开发运用等服务内容过渡。高校图书馆智慧服务形成的路径,依托的重点在于技术与专业服务人才方面。其中,技术主要是指源自计算机技术和互联网技术的大数据、云计算、RFID物联网系统等新型技术形式,而专业化服务人才则是能够结合用户的多元化、个性化需求,来为用户提供形式多样的知识创新与应用服务。由此可见,高校图书馆智慧服务是能够在现有的图书馆知识资源基础上灵活地进行创新创造式服务,其目标在于通过对原有知识资源的再加工,来促进新知识的产生以及增值化应用。

二、媒体融合对高校图书馆智慧服务体系的影响

随着高校图书馆智慧服务的逐步形成和发展,越来越多的智慧化服务技术被应用于高校图书馆的业务领域当中。其中,如何通过智慧化服务使用户享受到更加快捷、便利、增值的服务已成为媒体融合背景下高校图书馆智慧服务体系搭建的重点方向。相对于当前的高校图书馆知识服务体系,逐步形成的智慧服务体系更侧重于从服务效率和服务增值两个方面来进一步满足用户的多元化、个性化需求。

(一)媒体融合对高校图书馆信息资源建设的影响

高校图书馆智慧服务体系所依托的技术基础与媒体融合所依托的技术基础基本相同,即数字化技术和移动互联网技术。这就意味着媒体融合技术环境的改变和发展,必将会波及高校图书馆智慧服务体系的形成。当前,媒体融合的范围已进一步突破了时间和空间的限制,高校图书馆移动智能终端用户的数量急剧攀升,已突破了单一媒体的服务能力,同时用户的知识服务诉求也呈现出了碎片化、即时化的特征。为了充分适应用户知识服务的诉求,高校图书馆首先需要做到的就是实现数字化信息资源库负载能力的量级扩充,使得用户知识服务的基础供给能力得到显著增强。在此基础之上,还要进一步加大大数据、云计算等先进数字化信息分析技术的运用,只有这样才能进一步提高知识服务的效率,使得碎片化的知识信息原始数据以整体式、合理化的形式呈现于用户面前。

(二)媒体融合对高校图书馆用户服务能力的影响

尽管当前高校图书馆通过建立数字化图书馆服务平台,推动了即时服务、网络社交在部分知识服务领域的应用,用户的个性化体验也得到了一定程度的满足。但从整体情况来看,双向互动化服务并未充分拓展至智慧服务体系目标下的新兴服务领域。因此,高校图书馆

有必要借助媒体融合的环境优势,来实现智慧服务目标下互动化服务的全方位覆盖。从发展动向来看,高校图书馆需要努力探索用户通过移动新媒体设备与图书馆进行知识创新、知识价值挖掘以及知识生产力开发运用等领域互动的路径,并以此来推动高校图书馆智慧服务体系框架的形成。

(三)媒体融合对高校图书馆员综合能力的影响

随着媒体融合背景下高校图书馆智慧服务体系的逐步形成与运用,越来越多的知识服务途径将为智慧化、复合媒体的技术系统所代替,传统人工式的知识服务模式将进一步减少,馆员的综合服务能力素养也必须适时进行转型升级。更多情况下,馆员必须具备一定的技术背景以及新媒体运营管理经验,才能充分胜任智慧服务体系下图书馆的岗位职责要求。一方面,馆员需要充分掌握并熟练运用大数据、云计算等先进数字化信息分析技术;另一方面,馆员还需要全面提升媒体融合环境下与用户进行互动服务的基础素养。

三、媒体融合环境下高校图书馆智慧服务体系建设的基本层次

媒体融合环境下高校图书馆智慧服务体系建设总体上可分为"在线服务""专业服务"以及"协同服务"三个层面。

(一)在线服务层面

社交网络。随着智能手机的逐步普及,微信、微博、QQ以及在线论坛等新媒体媒介被高校图书馆充分重视,并应用于与读者的互动、社交活动当中。无论是微信公众号、微博公众号,抑或QQ群、在线论坛,都可以通过文字、音频、视频以及图片等多种形式,来为读者提供相关内容的推送。目前这些社交媒介载体都能够有效地对读者的偏好、需求进行统计,并通过高校图书馆的云储存系统进行贮存,形成大数据分析的原始数据,从而为下一步进行读者个性化需求推送奠定基础。

个人数字化图书馆。个人数字化图书馆功能目前已在大部分高校图书馆在线服务平台中实现,并将随着媒体融合环境下高校图书馆智慧服务体系的逐步完善而不断实现功能的深化与拓展。就其当前主体功能来看,用户可以自由地对自己需要收藏的数字文献资源进行整理、编目以及在线编辑,同时也可以对文献或信息进行转载和评论,从而充分满足自身体验的需求。

(二)专业服务层面

信息集成服务。实现信息资源的有序集成是高校图书馆开展知识服务的前提与基础。随着媒体融合环境下高校图书馆智慧服务体系的逐步建立,高校图书馆进一步加大了信息集成服务深层次拓展的力度,多媒体信息个性化需求整理、隐性知识挖掘等服务内容已在部分高校图书馆中开展。

学科服务。当前高校图书馆的用户主体是在校师生,从其需求的主要方向来看,学科服

务依然是重点。从实践情况来看,以嵌入化学科服务为主要方式,打造专业化的学科服务馆员团队、强化学科导航系统建设以及推动学科服务评价体系的形成,是媒体融合环境下高校图书馆学科服务建设的主要方向。

(三)协同服务层面

媒体融合背景下,图书馆用户多元化、个性化需求特征愈发明显,单一的高校图书馆已无法依托自身馆藏资源和服务内容来完全满足其用户的需求,构建以资源共建共享为主导方向的协同服务联盟,已成为高校图书智慧服务体系发展完善的必然趋势。通过图书馆联盟的建立,构成智慧服务主体的参考咨询服务以及文献传递服务可以实现更为高效化、个性化的发展。同时,资源采购、联合编目、合作交流等智慧服务内容也可以通过图书馆联盟有序地推进。

加强数字馆藏资源建设,提高智慧服务体系基础性供给能力。数字馆藏资源是高校图书馆建设智慧服务体系的基础。因此,高校图书馆的数字馆藏资源建设必须以适应智慧服务体系为出发点,加大对馆藏数字资源的创新式管理力度,进一步对馆藏资源的归类整合进行优化管理,既要能够显示出本馆的特色优势资源,又要能够充分适应区域内的知识服务主体用户的全方位需求。同时,高校图书馆应当以满足用户体验为基本导向,建立专门供智慧化服务平台使用的专项知识服务馆藏资源库,其内容也应当充分适应用户通过移动新媒体设备与图书馆进行知识创新、知识价值挖掘以及知识生产力开发运用的服务要求,这同样是媒体融合与智慧服务体系结合的基本途径。此外,馆藏资源的建设还必须依据学科发展状况、信息应用技术的变化及时进行调整,从而在媒体融合和技术变革环境下,满足多层次知识服务主体的个性化需求。

加快移动终端APP的开发,促进与用户的互动化交流与服务。媒体融合环境下,如何通过开发和推广移动终端APP软件来吸引各类用户群体,已成为各行业开展智慧化服务体系建设的热点。高校图书馆作为文化智慧服务体系建设的重点职能部门,也应当抢占先机,通过自主研发或合作研发等多种形式,面向用户开放和推广具备智慧服务功能的移动图书馆APP软件,以此来促进媒体融合环境下高校图书馆智慧服务体系的深化发展。当前高校移动图书馆APP软件的建设重点有3个方向:一是最大限度地实现图书馆数字资源库与移动图书馆APP软件检索功能的无缝衔接,使更多的数字资源能被APP检索和阅读;二是要尽可能地在APP软件中实现高端知识服务功能,当前大部分高校移动图书馆APP软件知识服务功能仅停留在知识检索、知识咨询、知识传递层面,知识创新、知识价值挖掘等服务还未能充分实现;三是可以在移动图书馆APP软件中开通知识社交功能,从而实现用户与用户、用户与专家、用户与馆员之间关于知识创新领域的互动交流。

以实现业务融合为方向,推动组织机构和业务内容的重组。随着媒体融合环境下技术革新速度的逐步加速,高校图书馆智慧化服务体系建设必须适度对组织机构和业务内容进行重组,才能充分适应技术融合的基本要求。一方面,高校图书馆要转变以往以馆藏编目、信息推送为主体的知识服务组织框架结构,通过技术的不断融合来使知识资源开发利用组织框架结构逐步形成,从而满足媒体融合环境下图书馆知识服务用户的多元化需求;另一方面,高校图书馆智慧化服务体系下知识服务方向的转变,也要求高校图书馆对知识服务供给能力进行优化升级,这不仅需要高校图书馆围绕大数据、云计算、RFID 物联网系统等新型技术进行设施设备的优化升级,而且要致力于打造一支能够熟练应用上述技术进行知识服务的专业化馆员团队。

构建区域高校图书馆智慧服务联盟,实现资源与服务的共享共用。在媒体融合环境下,图书馆智慧服务体系必须以数字化资源、技术设施设备以及专业化馆员服务团队三大基础为依托才能有序地形成。然而从现实情况来看,除部分实力雄厚的高校可以单独支撑图书馆智慧服务体系建设外,国内大部分高校图书馆并不具备单独建设服务职能齐全的智慧服务体系。因此,一定区域内的诸多高校图书馆必须走向联盟式的道路,通过实现资源与服务的共享共用,才能真正构建起服务职能齐全的智慧服务体系。就区域高校图书馆智慧服务联盟构建而言,一是要注重实现数字化文献资源的共享共用,特别是特色型资源的共享共用;二是可以通过打造共同的媒体融合网络服务平台,来实现信息传递环节的共同合作;三是要实现专业化馆员服务团队之间的相互配合协作,提升面向高端用户的知识服务合作化供给能力。除此以外,还可以考虑在联盟框架之外,与一些软件开发公司、社交学习网站、移动运营商展开合作,实现部分服务业务的市场化操作,从而拓展图书馆智慧服务的用户范围。

高校图书馆智慧服务作为一个动态化体系,只有与时俱进地融合新的发展理念、新的技术理念,才能促进体系的不断完善与发展。未来,随着人工智能、5G 网络、区块链、万物互联等技术的成熟及媒体融合的不断深入,新的媒体传播途径与技术服务途经将进一步突破,必将改变高校图书馆的传统动作模式,对高校图书馆智慧化服务产生深远的影响。高校图书馆应紧抓这一机遇,进一步将媒体融合环境下的各类元素融入智慧服务体系的各个环节当中,更好地为师生服务。

第二节　高校图书馆空间再造与智慧服务融合

高校图书馆的空间再造与智慧服务都是在用户日益凸显的个性化服务需求和数字服务需求下的适应性发展,通常情况下,图书馆的智慧服务与空间再造之间的联系被忽略,造成了其融合研究出现了创新不足、未充分研究用户共同需求等问题。文章通过对高校图书馆空间再造和智慧服务的融合研究,指出物理空间的智慧延展、虚拟空间再造、创新空间服务和图书馆智慧空间再造的融合策略,以期为相关研究提供理论参考。

高校图书馆空间服务是基于现有空间使用的障碍或缺陷而进行的有针对性的空间功能、服务、布局甚至是场景的变革,是对用户需求的适应性体现和创新发展,以及对高校图书馆未来空间架构和服务功能的战略规划的结果。

在数字技术、网络技术、智能技术的不断融合应用下,高校图书馆的空间服务和智慧服务逐渐融合,智慧空间、智慧图书馆、多元空间的理论研究与实践正在引领高校图书馆的空间服务朝着更加人性化、智能化、多元化的方向发展,使高校图书馆更好地融入社会信息服务和空间服务环境,以多种角度实现高校图书馆的社会价值。

一、高校图书馆的空间再造

物理空间再造。图书馆空间再造的重点之一就是对物理空间的再造,当前部分学者指出,图书馆的物理空间再造除了要保证空间功能的多元化特点外,还需要注重保留图书馆再造空间的物理延展性。我国高校图书馆数量众多,加上各地的地方文化、建筑特点各有不同,使得我国高校图书馆物理空间存在着较大的差异,如有些高校图书馆注重空间的美学价值展现,而有些高校图书馆注重空间的实际使用价值和延展性,这些因素都是图书馆空间再造中需要重点考虑的因素。因此,如何实现物理空间再造需要充分结合高校图书馆现有需求和战略发展需求,以读者的需求变化为依托进行综合考量。

文化空间再造。高校图书馆的空间除了满足文献藏借阅的基础服务功能外,文化功能展现与文化审美观传承也是其重要功能。早期,高校图书馆对文化空间的再造主要依靠文化饰品(字画、地方特色艺术品、墙画等)来展现。进入大数据时代,高校图书馆的文化空间再造除了要满足图书馆服务定位、价值定位、地方文化定位等要求外,还应当满足用户休闲、娱乐等多种图书馆第三空间的功能服务需求。将高校图书馆空间再造从单一的文化展现功能中脱离出来,进而表现出高校图书馆空间的多元服务功能。

服务场景再造。高校图书馆服务场景再造是对现有图书馆空间服务功能的重新打造,既包括实现图书馆空间功能的服务流程、服务环境打造,也包括对服务所涉及的空间场景、视听场景的综合打造,为用户提供舒适、恬静的空间体验。同时对图书馆服务场景的设置应当打破图书馆传统的物理空间界限,主动到用户所在的非图书馆空间进行图书馆延伸服务空间的设置,在提升高校图书馆曝光率和受关注度的同时,打破高校图书馆物理空间布局限制,打造符合用户需求且受用户认可的图书馆服务场景。

二、高校图书馆智慧服务存在的问题

区域性技术创新差异大。对云服务、RFID、虚拟服务等智慧服务主要发展方向而言,当前国内高校图书馆的智慧服务还存在着明显的区域性技术创新差异较大等问题。产生这一问题的原因主要是由于智慧服务需要依赖相应的软硬件技术、智能识别技术和物理设施设备的支持,同时需要涉及大量的现有环境、设备、人员培养所需的资金支撑,总体上表现为东部和沿海地区的应用实施较西部内陆地区要高。西部内陆地区在资金方面长年得不到有效支持,使得其智慧服务往往仅限于移动服务等少数领域。

RFID 硬件服务发展较慢。当前大多数智慧服务都主要基于移动服务、云服务以及在线虚拟咨询服务等领域,与 RFID 等硬件设备关联较大的智慧服务的开发和运用还相对较少,这使得以硬件服务为基础的部分智慧服务发展较为缓慢。其原因主要在于当前移动图书馆等软件开发应用服务的成本相对较低,且图书馆的项目实施应用在移动服务等方面不涉及基础设施条件改善与重建,相对降低了高校图书馆的资金压力;而以 RFID 为主的智慧服务需要对基础服务设施(图书、门禁、借还设备等)进行系列改建与整合,对图书馆的资金压力较大,所以应用实践也相对较少。

重应用轻开发现象明显。高校图书馆的智慧化服务是一个需要长期协调改进并不断完善的服务项目,是需要在高校图书馆持续的用户调研和使用反馈基础上建立起来的良性的用户交互体系。但就现有的高校图书馆智慧化服务而言,大多数图书馆都存在着重应用轻开发的现象,大多数图书馆都主要依托业务外包等形式实现智慧服务,造成了对相关智慧服务的后期运维和开发基本处于缺失状态。

三、空间再造与智慧服务融合存在的问题

融合创新不足,缺乏自主思考和创新能力。高校图书馆空间再造与智慧服务的融合往往是功能的简单叠加,在创新融合的深度和广度上还相对不足,需要进一步加强。大多数高校图书馆将空间再造和智慧服务作为图书馆的两项事务来开展,空间再造和智慧服务在用户需求上的功能交叠并未在高校图书馆的相关业务中体现。具体而言,可以将基于 RFID 的智慧化改造与空间功能、服务功能重构融合,在改善用户的馆内利用空间现状和物流、用户流、工作流的智慧控制相融合,也可以将移动服务与图书馆虚拟空间、创客空间建设相融合,这些都属于可融合的范畴。

对用户功能需求的交叠研究还需进一步加强。用户的需求不仅表现在对图书馆物理服务空间的舒适性、安全性和体验感的要求上,还表现在对多元功能的交叠重合的满足上。具体而言,用户既需要图书馆提供恬静、闲适的物理空间,也需要图书馆在该物理空间中实现 WiFi、移动接入、虚拟学习、协作研究等多种功能,所以除了现有的研修间、研讨室的功能外,高校图书馆的空间再造也可以打造基于智慧服务的虚拟研讨空间,满足不同用户的空间和智慧服务需求。

对现有实例的分析吸收还不足。在互联网环境下,优质案例一般会得到广泛宣传与迅速传播,进而形成一系列的类似建设,在空间再造和智慧服务方面,这种现象也较为常见。但由于各地地域文化、高校图书馆特有价值体系、认同感等方面的不同,相应的照搬行为并

不能体现案例的技术革新和理念创新对图书馆服务的转型和促进。以 RFID 为例,大多数高校图书馆也仅仅实现了服务方式、用户操作方式的转变而并未实现进一步的自创和发展,所以当前对于智慧服务和空间再造还存在着对现有实例分析、吸收不足的状况。

从空间服务的发展历程上看,高校图书馆经历了从藏阅空间到藏阅休闲服务空间多元转变,实现的不仅是空间结构的改造,同时也实现了服务模式的转变和与读者的交流共融,在智慧服务方面,高校图书馆经历了从文献服务、信息服务、知识服务等早期的信息服务阶段,再到知识服务向智慧服务转化的历程。而对于两者的融合研究,其内涵是建立在将高校图书馆空间进行智慧化、功能化升级的基础上,使用户身在图书馆却不受图书馆空间、技术的限制,进一步提升用户的使用体验,推动高校图书馆信息、知识服务的再现、凝练与发展。具体而言,两者的融合可以从以下几个角度入手。

物理空间再造的智慧延展。部分高校图书馆的空间再造都将打造特色空间、文化空间作为构建物理空间结构的基础,在一定程度上限制了图书馆空间的延展性,所以可以结合智慧服务手段,在物理空间购置的基础上提升高校图书馆空间的延展性。具体可以以爱丁堡大学的数据服务整合项目为例:该馆在旧馆改造过程中,注重将现代信息服务融合到已有的馆舍空间改造中,通过服务集成和空间再造,将该校内外有关数据服务、数据管理、数据素养教育的机构和服务、数字内容管理中心、爱丁堡图书馆信息服务 5 个方面的内容进行了有效整合并安置到了其位于阿盖尔的研究区域,这既是对图书馆现有空间再造的适应性延展,也是将智慧服务与图书馆空间再造有效结合的典型案例。对于国内图书馆而言,也可以通过在空间再造的过程中充分吸取相关单位、智慧服务机构的意见,综合提升图书馆改造空间的知识服务与智慧服务能力,实现高校图书馆物理空间再造的有效延展。

虚拟空间再造与智慧服务的融合。高校图书馆的空间再造不仅包含实体物理空间的再造,也包括虚拟空间的打造,高校图书馆应借助现有的实体物理空间环境条件,打造能够实现用户协同研究、协同创新的虚拟空间。所以,这一方面与图书馆的智慧服务有一定的共通点,即实现高校图书馆的智慧空间网络,部分高校图书馆通过打造在线虚拟图书馆空间,将图书馆的服务、资源在虚拟空间中得以再现;同时在虚拟空间中实现资源服务与在线咨询,使用户在网络环境下也能感受到高校图书馆的服务与文化价值,创新空间与智慧服务的融合。高校图书馆的空间再造还涉及特殊空间的打造,如创客空间、知识共享空间、学习空间等空间功能的打造。但是目前国内的创客空间也出现了一些问题,如仿造者、追随者众多,但创新程度不足,具体表现为全国各地创客空间、创客协会众多,但真正在图书馆引导下作出成绩、取得效果的并不多。部分孵化器仅仅打着"助力双创"的旗号从政府手里占得建筑用地,但实质上无法产生有效的收益或者产出。所以,高校图书馆的空间再造创新,应充分走出传统的空间服务与读者服务的范畴,在社会服务层面进行融合,如通过创客空间来实现社会读者的教育或是将社会读者的意见纳入高校图书馆空间再造的创新功能设计,等等。

打造图书馆智慧空间。高校图书馆的智慧空间是对图书馆现有知识、信息的重组和整合,是在高校图书馆服务功能重组后实现的图书馆空间的知识立体化空间服务平台。从技术构成上,高校图书馆智慧空间需要依托图书馆现有的物理空间条件或是对原有的空间布局进行整合再造,再依托当前先进的技术设备从现实社会中收集数据并进行分析形成信息,同时结合网络信息抓取程序对互联网抓取的信息进行整合,统一形成知识单元或信息单元的形式。所以,打造智慧空间首先需要涉及对原有空间的物理条件(空间现状、设施设备空间、人员活动空间、交流空间等)进行综合评估,并依据高校图书馆的服务规划构建各类空间功能(知识存储空间、学习空间、虚拟学习空间)等,在满足读者基本需求的基础上,实现如馆舍、文献、计算机、馆员和服务对象等的畅通交流,同时实现各关系链(物与人、人与技、实与虚、主体与客体、局部与整体)的有效融合共通。

目前,针对空间再造和智慧服务融合的研究还处于摸索阶段,高校图书馆空间再造以及智慧服务的实施会受到资金、技术、人力以及社会现实观念的影响,相关的研究尚无广泛的实例可供借鉴。将空间再造和智慧服务融合既是对高校图书馆现有服务能力和服务需求的有效整合,也是高校图书馆转型发展和稳步实现社会价值的重要渠道,急需在图书馆的实践研究中进一步深入扩大,在实现以人为本的服务理念的同时,体现高校图书馆的更好、更具有价值的发展思路。

第三节 新媒体背景下高校图书馆智慧服务管理

在当今高校图书馆的智慧服务体系中,开始有序地融入越来越多的新媒体技术,比如说新的经营理念模式、新的服务形式、新的技术要求,这些是当前高校图书馆的主要研究方向。要研究新背景下图书馆智慧服务策略,就要仔细分析新媒体等技术的融合对当今高校图书馆智慧服务体系的影响,深刻了解智慧图书馆带来的独特服务感受,并切合实际提出如何建设新媒体融入后的高校图书馆服务体系。希望本节可以为高校图书馆建立智慧服务体系提供帮助。

随着时代的发展,新媒体技术也在持续不断的进步中,由此产生一个必然的趋势,那就是将传统的媒体技术和新媒体技术大范围的融合,并应用到各种服务行业当中。近些年来,新媒体技术也逐渐应用到高校的教育体系中,现在各大高校的图书馆也都在致力于建设新媒体智慧服务体系。但从实际成效来看,许多在新媒体融入背景下发展起来的新技术都没有得到充分利用,并且在很多高校图书馆的服务体系中,都还存在很多业务发展一直停滞在单一媒体阶段,这样就无法满足用户对多元服务的需求。所以,将新媒体合理融入高校图书馆的智慧服务体系中,是十分重要也是十分必要的,应该引起各大高校图书馆重视并努力实现。

新媒体融合概念。"新媒体融合"技术其本质是数字化技术和移动互联网技术的相互结合。它们互相结合,共同应用,可以大幅度降低信息传播的成本,那是如何降低成本的呢?其一,数字化技术可以让文字、声音、图画、影视等传统的媒体内容提高在传播时的承载能力。其二,移动互联网技术不但能让用户无论何时何地都能收到准确的数字化信息,还可以提高信息传播效率。从根源上分析,媒体融合就是将传统的媒体和新式媒体在技术上、内容上进行合理的互相融合。在媒体融合的过程中,传统的媒体方式提供传播的主体和新式媒体提供的主体进行资源上的共享,并且在这个过程中设计出具有新形式的媒体产品,随后利用互联网将其传播给不同的媒体用户,"媒体融合"是当下信息发展迅速的情况下所产生的一种全新的理论,它将会随着科技的进步在很多不同的领域中取得更多的发展与突破。

图书馆智慧服务特征。对于物联网所融合的智慧图书馆,使图书馆的建筑风格、资源设备、服务技术等多种元素互相结合链接,就形成了物联网,达成了多种元素都融合智慧化的结果,例如设备智慧化、服务智慧化等,以上这些元素都体现了服务至上理念。所谓智慧图书馆,其智慧主要体现在智慧的图书馆服务人员、图书馆内高科技的设备以及图书馆本身所具备的多元化的图书资源、信息资源等。这些高科技服务手段可以提供给用户随处可见、多种多样的知识需求以及良好的创新服务。图书馆智慧服务就是要结合知识作为基础,技术作为依靠,用户需求作为发展方向,目标是用来保证让用户和创造者都满意的服务水准。

现代智慧图书馆的智慧服务体系,相比较传统的数字图书馆来说,智慧服务特点,例如在服务过程中能让用户体会到更强烈的虚拟效果,让图书文字资源转化成为虚拟的无障碍图书资源总体;让用户在体验过程中更加具有主动性,服务人员会根据用户的兴趣爱好和自身需求向用户提供最为准确适宜的图书资源,让用户更加满意;提供更加有个性、更加独特的服务,让用户在学习时享受其中的服务,服务人员把信息有针对性的提供给用户,让他们得到最需要的服务体验。

一、高校图书馆智慧服务的主要内容

为专业学习和教学研究提供服务。智慧图书馆是以人为最主要因素,以科学技术、信息传递作为基础发展起来的,智慧服务是它所发挥的主要功能。智慧图书馆可以参与讲学与学习的过程,其可以通过虚拟信息的传递来将上课的过程记录下来并进行仔细分析整理,可以为师生提供比较详尽的学习资料以备后用;新媒体的融入可以创造出智慧课堂,利用高科技技术进行创新式学习,让学生学习兴趣更加浓厚,情景交融的学习可以让课堂效率更高;可以综合学校的科教资源,对学校的重点发展学科进行分析,对学生和教师的具体情况进行分析比较,这样可以提高学生对知识的吸收程度,图书馆工作人员利用新媒体技术将学科的研究重点问题收集起来并进行分类处理,这样既可以预判学科的发展动向,也有助于加深各个学科研究的深度和广度;智慧图书馆可以参与教学成效的评估,基于物联网,利用大数据及云计算等技术,智慧图书馆专业人员可将各学科的教学成效进行客观评价并跟踪。

为科学研究提供服务。一方面,为参与重大课题项目的科研型读者提供知识导航。所谓知识导航,是指从各种显性和隐性的信息资源中利用馆藏文献和设备,对相关书刊进行搜寻、评价、解答疑问的过程。同时,智能图书馆不能仅仅满足于提供借阅性服务,而应该采取全程化、一条龙式的服务,为他们从事课题项目研究提供专题资料、信息推介、课题查新等定制跟踪式服务,促使他们节省时间,早出成果、多出成果。

二、新媒体融合背景下的高校图书馆智慧服务体系

媒体融合对高校图书馆智慧服务体系的影响。现如今高校智慧图书馆的建设都突飞猛进,越来越多的高科技手段被应用到现代图书馆的服务体系当中,新媒体的融合更是给高校图书馆带来不可缺少的优势和发展前景。首先,新媒体的融合使高校的图书馆在数字信息方面的建设问题得到改善,让资源得到整合和最大程度利用;其次,新媒体融合可以建立起个人的数字化的图书馆,方便人们自主选择自己需要的信息知识;同时,新媒体技术也应用在服务体系的层面中,用嵌入化的方式将服务发挥到极致,让越来越多的人受益。

对高校图书馆信息资源建设的影响,高校图书馆智慧服务体系所依托的技术基础与媒体融合所依托的技术基础基本相同,即数字化技术和移动互联网技术。这就意味着媒体融合技术环境的改变和发展,必将会波及高校图书馆智慧服务体系的形成。

对高校图书馆用户服务能力的影响。当前高校图书馆通过建立数字化图书馆服务平台,推动了即时服务、网络社交在部分知识服务领域的应用,用户的个性化体验也得到了一定程度的满足。高校图书馆有必要借助媒体融合的环境优势,来实现智慧服务目标下互动化服务的全方位覆盖。从发展动向来看,高校图书馆需要努力探索用户通过移动新媒体设备与图书馆进行知识创新。

对高校图书馆馆员综合能力的影响。传统人工式的知识服务模式将进一步减少,馆员的综合服务能力素养也必须适时进行转型升级。更多情况下,馆员必须具备一定的技术背景以及新媒体运营管理经验,才能充分胜任智慧服务体系下图书馆的岗位职责要求。

三、媒体融合环境下高校图书馆智慧服务体系建设的对策

加强数字馆藏资源建设。加强有关数字馆藏的建设,这是各大高校建设智慧型图书馆服务体系的基本要求。所以高校图书馆在加强馆藏资源建设的过程中一定要适应新媒体融合的智慧服务体系,提高图书馆数字馆藏资源的创新性发展管理,并且注重对数字馆藏资源进行具体的分类和整合管理系统,在发展过程中不但要让用户们感受到前所未有的独特性服务,而且要充分突出图书馆的知识类服务体系可以满足广大用户的要求。与此同时,高校图书馆发展的主体方向应该要让用户更加满足于服务体验,并建立起专门的数字馆藏资源

共享平台来供给用户使用智慧图书馆,馆藏资源库中的内容也应该充分满足广大用户利用一些移动的新媒体设备和技术来合理使用图书馆并进行创新性发展,例如深度挖掘知识的价值,发展知识的创新等,同时要满足知识发展所带来的生产力提高的需求,这也是将新媒体技术融入高校图书馆并发展利用的途径之一。除此之外,还应根据当前各个学科的发展变化过程以及信息应用的技术进步来进行适当的调整,以便满足读者各个层次的个性化智慧服务。

加快移动终端APP的开发。当前,各行业发展自身智慧型服务体系建设的热点问题,就是关于在新媒体技术融合发展的大环境下,怎样才能通过开发和发展自身的移动终端手机软件APP来吸引各种用户人群。目前,高校移动图书馆学习软件有三个重点发展方向:第一,让实体图书馆的数字馆藏资源库和移动APP中的检索功能进行最大程度上的衔接,方便用户在使用移动图书馆时能检索并阅读到更多的数字资源。第二,目前大多数的移动图书馆软件功能还都仅仅停留在基础的知识检索以及知识问答等功能层面,所以在软件中实现高端的服务功能是必不可少的,软件的发展创新能力还有待提高。第三,可以在移动图书馆软件中开发出社交活动的功能。这样就可以增加用户和用户、用户和创作者等关系中的交流,也方便知识资源的整合与进步。

推动组织机构和业务内容的重组。一方面,高校的图书馆要摆脱原来传统以馆藏图书的编制码和信息的推送方式为主体的知识服务层体系,必须要通过技术的持续融合让学习资源得到最大程度的利用,形成多元化的知识利用体系并且来满足用户的多方面需求。另一方面,各大高校的智慧型图书馆服务体系的主体服务方向也在逐渐发生变化,也要求高校图书馆的知识的供给能力和服务的提供水平要不断创新提高,这样要求的实现离不开现如今大数据的采集运用、云端服务器等高新技术的融合,高校一定要致力于发展一队可以熟练使用各种新型技术的图书馆服务人员,让用户得到更完美的体验。

构建区域高校图书馆智慧服务联盟,在新媒体融合的大社会环境中,数字化的图书资源、高新科技设施和设备以及进行专业化培训过的服务团体作为现如今高校图书馆智慧服务体系的三大发展支柱,它们互相协调发展让智慧图书馆具备成功有序的发展前景。但是从我国现实情况来看,除了一些有高度经济和技术实力的高校条件允许独立建设图书馆智慧服务体系外,国内的大部分高校的图书馆都没有实力来单独建设一套完善的具有知识资源和服务体系的智慧型图书馆。由此可知,在建设图书馆时走联合发展智慧型图书馆的道路是十分必要的,充分整合利用各高校的优势资源,勾勒出具有高度服务职能智慧服务体系的蓝图。对一定范围内各高校图书馆智慧服务进行联盟构建,首先,要重视各个数字馆藏资源库的共享,尤其是将有特色的资源进行分享;其次,可以通过创造区域内共用的新媒体网络平台,进行全面的在信息传导环节的合作;最后,也是最重要的,就是要让进行过专业化培训的图书馆员互相配合及协作,提高图书馆面向各类读者个性化需求的供给水平。除了上述措施之外,各高校还可以考虑在构建好联盟的基本服务框架之外,和一些开发软件的企业、社交网站、学习资讯网站等团体开展合作活动,从而实现更加完善的面向市场化模式的服务操作,以便扩大使用智慧型图书馆的用户范围。

在高校逐渐发展起来的图书馆智慧服务可以被称作是一个有动态特点的体系。随着时代的发展,只有将与时俱进的新媒体以及其他新型技术和全新的服务理念融入其中才可以促使该体系进行全面的改革和进步。在将来的社会当中,会有越来越多的互联网技术,例如人工智能、物联网、5G通信、区块链等不断发展成熟并且融入更多的新媒体运营模式。所以新型媒体的传播和服务技术都将会有进一步的提升,转变高校图书馆的传统运行方式是必然的趋势。高校图书馆应该牢牢抓住这个难得的机会,将当前新媒体融合状态中的各种元素都体现在服务体系的各个阶段中,这样才能更好地让师生和整个社会受益。

第四节 智慧服务环境下高校图书馆读者隐私保护

大数据、云计算技术让图书馆数据的价值得以转换,然而数据价值发掘过程必然涉及读者隐私。如何在数据价值挖掘过程与读者隐私保护之间构建平衡点,是实现图书馆智慧服务的前提。通过对读者隐私保护的技术方法与社会方法的梳理与归纳,找出读者隐私泄露的内外成因,从数据使用、数据安全、数据发布三个方面进行读者隐私保护策略研究,并在此基础上构建了一套适应高校图书馆智慧服务的隐私保障体系。

一、研究背景

近年来,数据安全问题形势不容乐观,用户数据泄露事件频发。在涉及个人信息和隐私保护方面,各国通常都会通过制定法律、法规及相关政策约束网络服务提供商收集个人信息的内容和途径,控制被收集信息的使用方法,掌握被收集信息的使用情况,并据此对个人隐私进行保护。而为了解决在数据价值利用与信息利用过程中不侵犯用户隐私这一难题,学者们一直致力于建立基于社会隐私政策与技术方法相结合的保护机制,以求达到数据发掘与用户隐私保护的平衡。智慧服务需要感知读者需求,获取读者使用图书馆的相关数据,挖掘并分析数据中有关的资源、空间、服务需求,为图书馆智慧服务提供数据决策,以期达到服务的精准性。通过归纳、分析研究文献,发现与读者隐私保护相关的社会方法研究主要为:隐私政策相关的实证研究、隐私政策实践应用研究、隐私政策内容表述与协商研究等三个方向。技术方法研究主要为:密文计算、密文访问控制和密文数据聚合。数字图书馆发展至今,数据使用、数据安全与数据发布成为图书馆为读者权益保护和服务质量保证的重要因素。图书馆获取读者使用图书馆的行为数据,依据该数据能够动态感知读者的需求。行为数据涉及读者的数字图书馆使用习惯、地点、时间以及研究领域等信息,图书馆针对其进行多维度的数据挖掘及分析可能侵犯到读者隐私。隐私保护研究依托信息安全与大数据,而大数据是支撑智慧服务实施的前提,因此,读者隐私保护是图书馆智慧服务研究与实施的重要环节之一。本研究对"互联网+"环境下的高校图书馆智慧服务的数据价值发掘以及读者隐私保护进行了综合性的梳理、分析与研究,探索两者之间的平衡点,构建平衡模型,供图书馆界探讨与完善以解决两者之间存在的现实问题,探索数据应用与隐私保护问题的解决策略。

二、智慧服务、数据价值与数据安全

数据价值支持智慧服务。大数据应用实践的关键在于其业务价值的体现。数据价值与业务需求息息相关,不同的业务需要不同维度的数据价值,所需结果也不尽相同。数据价值的发掘,不仅可以在海量数据中获取有业务价值的信息,还可以降低数据密度,提升数据的应用性。大数据区别于传统的统计学数据处理方法,主要是数据挖掘的限定规则较为宽松。智慧图书馆建设在以挖掘业务数据价值为基础的前提下,存在着以下问题:①随着数据量激增,多维度进行数据采集、存储在一定程度上降低了数据价值的密度;②虽然多元化的互联网业务平台可以为读者提供个性化的服务与资源获取的便捷渠道,但是多渠道服务的模式使得数据不断增长与沉积,导致了数据的复杂性与多样性,数据的价值密度低、价值提取难度增大;③数据已经成为业务决策的新的要素,有效的数据提取、数据应用价值的提炼是直接影响图书馆业务决策、智慧服务效果的因素之一。多维度的数据关联与挖掘,涉及读者信息安全与隐私的问题也越来越突出。数据价值越高,支持智慧服务实施的效果越好,数据安全风险越高,隐私泄露概率越大。

智慧服务提升业务效率。智慧服务依托业务系统的数据支持,构建一套感知化的服务体系,能够挖掘用户需求,从而进行多元化、个性化服务。数据安全性与稳定性往往直接或间接影响着智慧服务的结果。互联网的高速发展不断产生各种类型的数据,如,结构化、非结构化与半结构化数据,他们相互作用,融合在各种业务系统中,保障业务的正常运行。据不完全统计,国外平均每秒就有大约200万人使用Google搜索,Facebook的用户每天共享的信息超过40亿条,国内的微信、微博也拥有相似量级的数据信息,这些数据被商业机构运用于科学计算、医疗卫生、金融与零售等各种行业,并取得了一定的效果。持续的数据利用以及对数据的挖掘,不仅可以发现其显性价值,也可以发掘其隐性价值,大数据逐渐成为继云计算后计算机信息科学领域一个新的增长点。

数据安全影响智慧服务。数据是基础性资源,也是重要的生产力。大数据的价值体现在宏观层次的全面性、微观层次的精确性,大数据价值具备准确性、及时性与个性化的特征。高校图书馆的智慧服务,需要发掘读者相关数据的价值,以此反馈学科服务,提升其准确性、及时性。在方法上,可以借助于信息检索、资源服务、决策支持、数据挖掘、创新驱动等解决实际问题。数据是智慧服务的基础,数据的安全性与稳定性,直接影响到智慧服务的效果。《大数据产业发展规划》中将数据作为国家基础性战略资源,认为"数据"是21世纪的"钻石矿"。因此,真实、可靠、稳定的数据,可以用以作为宏观决策的依据,并能够真实反映业务动态、社会现象等微观层面难以描述的现象。由此数据安全性与稳定性就显得尤为重要,对于用户而言,数据安全与隐私问题关注度较高。

数据挖掘获取数据价值。数据挖掘是为了获取用户信息行为中隐藏的需求,图书馆等机构据此可以开展个性化服务以及制定对应的管理决策。如,图书馆常用的数据统计方法联机分析处理,其最大的特征就是设定需要监测的数据维度,以达到动态获取分析结果的目的,其特点是基于数据库层的在线分析处理程序。OLAP与数据挖掘在适用性方面存在着差异,主要区别在于数据挖掘过程中产生假设,而OLAP用于对这些假设进行验证。

OLAP是使用者为了满足某项业务的分析需要,假设一些问题或者场景,然后运用OLAP验证其假设是否成立。如,图书馆管理系统中的读者借阅信息分析、电子资源统计分析系统以及电子资源远程访问系统中访问量、下载量的统计分析等都是按照时间轴来呈现借阅量、访问量和下载量等读者使用信息的。OLAP由业务管理者主导的假设也存在着一定的缺陷,如业务管理者由于主观限制,未能够从整体角度发掘数据的规律。基于多维度的大数据挖掘在不设定规则的前提下验证假设、探索规律、发掘未知信息、找出事物发展方向等,这些都是OLAP不能实现的。人们受到其教育背景、想象力等因素的限制,经验主义也不能够在创新领域得到更大的突破,由此,基于大数据挖掘体系的构建,能够改变经验性的归纳总结关系,并辅以OLAP确认关联性,才能在数据关系模型的创新性方面得以突破,智慧服务不仅需要OLAP的多维度统计支持,更需要图书馆业务数据的挖掘以获取智慧价值的协助。智慧服务建立在数据价值获取的基础上,数据价值与服务"智慧"性成正向关系。数据价值的获取离不开数据安全的稳定性与可靠性,其中数据安全涉及用户个人信息的隐私问题,即数据隐私,因此,一个稳定的智慧服务系统应包含完善的用户隐私保护框架。

三、数据挖掘环境下读者隐私保护技术方法研究

数据挖掘是从数据中获取信息和知识的过程,最初的数据挖掘研究是基于数据库的知识发现。互联网技术的发展给用户的生活带来便利的同时,其服务模式也逐渐被用户接受。用户数据是挖掘的对象,高质量的数据能够提供准确的信息,但数据统计及分析会涉及用户隐私,而数据发布也可能侵犯用户的隐私。由此,学术界致力于探索数据挖掘过程中对用户隐私保护的方法,其中,通过数据挖掘的方法制定相应的保护策略是目前采取的主要途径。如,针对数据挖掘中聚类分析的隐私保护方法,差分算法,以及在云计算中的运用基于格的隐私保护聚类数据的挖掘方法。针对隐私保护序列模式挖掘问题,提出了项集的布尔集合关系概念,可以在保护原始数据隐私的前提下准确地挖掘出频繁序列模式的任务。聚类分

析指将物理或抽象对象的集合分组为由类似的对象组成的多个类的分析过程,它是一种重要的人类行为。图书馆业务的数据使用可以分为以下三个角度:①资源角度,即纸质资源、电子资源等结构化数据。资源使用数据可以借助于图书馆管理系统以及互联网监测工具(如OLAP系统)完成多维度的统计,如基于网络监测的电子资源统计分析系统和基于地址重定向的域外访问管理系统。②空间角度,主要涉及图书馆空间管理方面的数据,包括读者进馆数据,使用无线网络数据以及座位使用数据等。空间服务的读者利用数据的获取可以通过相应的业务系统的统计模块获取。③服务角度,包括文献传递、查收查引、查新等涉及读者直接需求的数据。对从服务角度获取的数据进行统计分析时可以利用OLAP来完成。当前,图书馆业务数据只停留在收集保存的阶段,其统计分析工作仍然需要人工完成。因此,图书馆业务的开展,需要OLAP系统对业务系统进行初始的统计分析,从而进一步驱动管理决策。

基于差分隐私保护的DPk-medoids算法应用。信息窃取者想要获取某一个数据集(除这段记录之外的其他所有信息),利用差分隐私保护模型能够保证窃取者不会利用其余的记录,从输出结果中获取额外信息。然而信息安全保护者所关注的是在聚类过程所公布的信息中,用户隐私不被泄露。在提交聚类查询信息过程中,返回的结果已经是被差分隐私处理过的结果。在每次发布真实中心点之前使用拉普拉斯机制对中心点加噪,再发布加噪之后的中心点,在一定程度上保证了个人隐私的安全性以及聚类的有效性,但是在复杂多变的互联网环境下,其攻击方式也在不断变化,因此防护策略也需要动态、及时调整,才能避免由于数据隐私泄露造成的损失扩大。

基于序列模式挖掘的隐私保护应用。数据安全性与稳定性是数据挖掘的前提,然而读者往往担心的是数据挖掘对隐私的侵犯。在用户隐私数据不暴露的前提下实现精确的数据挖掘任务,是当前学者较为热衷的数据挖掘方法。隐私保护序列挖掘问题的相关概念,如项集的布尔集合关系概念等,能够在数据的隐私保护性、挖掘结果的准确性与算法执行高效性方面得到很好的体现。

智慧服务需要数据支持。对数据进行采集、分析,挖掘其中的应用价值,是提高图书馆精准服务的基础。然而数据应用过程关乎读者隐私问题,需要制定相关的策略和方法以完善数据应用。随着网络攻击技术的不断发展,新的攻击方式下传统的保护方法已经不再有效。从数据层中的数据表等相关内容中也能够挖掘分析出用户的敏感信息。以数据挖掘的聚类分析为例,在互联网搜索领域,基于关键词的搜索将结果聚类反馈并以简洁的方式呈现给用户。多维数据的挖掘可以提高数据价值的精度,然而维度越高,其敏感信息泄露的可能性越高。不同数据挖掘的方式原理不同,其保护策略也存在着差异,不同的数据利用方式需要不同的保护方式。数据挖掘方法与工具随着技术的进步而不断完善,这也给用户隐私保护带来了一定的困难。因此,隐私保护的策略与方法也需要时刻紧跟挖掘技术的发展而不断变革,以适应互联网智慧服务的实际需要。

第七章 高校智慧图书馆管理与服务创新的融合发展

第一节 "以人为本"管理与服务的融合发展

随着21世纪科技的高速发展,人类进入以知识为主宰、重视人才的全新时代,社会发展的现代化、知识化和信息化要求图书馆实行人本管理。人本管理强调以人为中心,把人作为管理的主要对象,发挥人的主观能动性、创造性是管理工作的重要任务。

图书馆的人本管理包括两个方面的内容:一是以读者为对象的人本管理(亦称用户管理);二是以图书馆员为对象的人本管理(亦称内部管理)。我们既要重视以馆员为本的管理,又要重视以读者为本的服务,管理和服务是辩证统一的,两者融合发展。

从古至今,图书馆管理在经营理念上经历了由"以事为本"到"以人为本"的发展与变化,表明图书馆管理已由被动服务向主动服务转变。

"以人为本"是我国企业于20世纪80年代后期引入的企业文化。在企业管理活动中,"以人为本"的含义是通过以人为中心的管理活动和以尽可能多的实践来锻炼人的意识、脑力和体力,通过竞争性的生产、管理和经营活动完善人的意识和品格,提高人的智力,增强人的体力,使人获得超越生存需要的更全面的自由发展。在图书馆管理中,"以人为本"的含义可引申为通过以人(包括读者用户和图书馆馆员)为核心的管理,满足人各方面的信息需求,在不断挖掘人的潜能、激发人的主动性和创造力的过程中实现人的价值,达到放大图书馆功能的目的。这个管理理念被引入图书馆是知识经济时代带给图书馆的新思维和新理念,也是图书馆管理创新的必然趋势。

一、实施以人为本管理的必要性

图书馆管理的主要目的是增加社会效益和经济效益,以放大图书馆功能,满足社会对图书馆所提出的各种需求。放大图书馆功能是针对图书馆自身发展的直接目的,满足社会各界不断发展变化的文献信息需求则是间接的、面向社会的目的,为此图书馆必须转变管理模式,实施以人为本的管理。

第一,在图书馆建筑布局上,从读者和图书馆馆员出发,将人文关怀放在第一位,既达到方便读者的目的,又能让馆员在舒适的工作环境下以饱满的工作热情充分发挥自身潜能,体现个性化的创新精神。

第二，传统的图书馆"坐等读者"，最多做到"有求必应"，但是在信息时代，这种模式是适应不了发展的。唯有将图书馆的宗旨"一切为了读者，为了读者的一切，为了一切的读者"发扬光大，开展多层次、多元化服务，千方百计地调动读者利用图书馆的积极性，才能让他们依赖图书馆，热爱图书馆，支持图书馆事业。图书馆馆员也会因此增强信心和责任感，感觉到自身价值的存在而激发主动性和创造力。

第三，图书馆在网络时代要生存发展，仅有性能优越的计算机等现代化设备，而没有既懂现代化信息技术，又懂图书馆专业知识的馆员担当图书馆自动化系统的建设者和维护者，成为信息资源与用户的桥梁和纽带，图书馆的服务质量必定大打折扣，发展必定受到影响。

第四，图书馆馆员同样有各方面需求，馆长应在工作、学习、生活等方面关心、爱护、帮助他们，充分体现领导者的领导素质，加强沟通和交流，让图书馆馆员有盼头、有想头、有奔头，激发馆员参与图书馆建设的热情，形成一股推动图书馆事业发展的洪流。

图书馆以人为本管理就是围绕着人这一核心，努力从方方面面为读者、图书馆馆员创造"家"一样的感觉，激发社会各界对图书馆事业的支持，使馆员的创造能力、现代信息技术能力和服务能力得到发挥，促进图书馆事业的可持续发展。

二、以人为本管理模式的设想

（一）图书馆建筑布局是直观表现

我国图书馆建筑应以《图书馆建筑设计规范》（JGJ 38—2015）为参考标准，宜庄重、典雅、朴素、自然，有喷泉、花圃草地、洗手池、直饮水设备，馆内设计以透明、宽敞为主，力求采光充足。可在大厅的合适位置装饰知名人士像、科学家像、绘画作品等，突出人文、艺术气息，让读者品出另一番生活情调。设置摆放有沙发、花木盆景、茶座、饮水机等设施的休闲处，方便读者讨论问题、聊天以放松紧张的学习心情，使读者感觉图书馆是一个学习和娱乐相结合、可提高文化艺术和科学修养的好去处，增强学习与探索知识的欲望。

在馆内适当位置设置图书馆的布局图、读者须知等，指导读者利用图书馆。安置足够数量的馆藏机读目录检索用机，机旁附上检索说明，采取人、机、书一体化模式，让读者以最短时间获取馆内最多的信息，满足读者需要，体现以人为本的服务。考虑到图书馆网络化发展，需要借助性能高的计算机设备才可利用的附有光盘的印刷型文献、磁带等视听音像资料在逐年增加，可将多媒体室面积扩大，在其中分设能真正放大图书馆多媒体功能的"多媒体"服务区，如多媒体文献资源保藏区、听力使用区、视听资源使用区、管理服务区，并增设无线网络接口，为携带笔记本电脑的读者提供便利。在图书馆走廊等人流区摆设适量触摸屏，让读者随时查知天气、交通等方面的信息，使不同层次的读者在文化氛围浓重的图书馆里也能获取贴近日常生活的即时信息。

图书馆馆员的工作用房应宽松舒适,安置相应的工作设备,方便馆员学习、工作,这样更能激发他们的工作热情和创造力。注重图书馆环境的优化,设计出能放大图书馆功能的现代化建筑,是实现以人为本管理的实体环境的需要,对图书馆的发展会产生重要的影响。

以人为本的管理理念被很好地运用于读者服务中,充分表明图书馆馆员对读者服务认识的深化、对读者价值和权利的认同,体现了图书馆员工、馆员对读者人文关怀的感悟。

(二)满足读者需求

第一,重视读者需求。读者是以人为本管理的对象之一,图书馆开放的各项工作都是以他们的需要为基础的。20世纪30年代,印度图书馆学之父阮冈纳赞提出了图书馆学五定律:图书是为了利用;图书馆为一切人而存在;给读者所有的书;节省读者的时间;图书馆是一个发展着的有机体。前四项是以人为本思想的具体化,充分揭示了图书馆把重视并尽可能满足读者的需求作为图书馆馆员的行业精神,体现了图书馆的人文精神。图书馆馆员应将自己阳光般的微笑服务和敬业精神呈现于读者面前,做他们的朋友,尊重、信任和关心他们,这是馆员与读者建立诚信关系的基石。

第二,研究读者需求。不同性质的图书馆具有不同的读者群,区别对待不同读者,为他们提供适当的服务并不容易,这需要图书馆馆员具备较高的信息素养,能与读者用户加强交流,深入了解他们的需求,掌握他们的个性特点,参与到他们的研究课题中,想在他们之前,为他们提供满意的特色服务,做到"馆员提高能力,读者十分满意",升华图书馆的形象。

三、实现以人为本管理的对策

(一)注重品质,提高认识

图书馆事业的发展应重视把品德、知识、能力、业绩作为衡量图书馆馆员的主要标准,做到在业务上精心培养,工作上放手使用,政治上正确引导,管理上注重激励,事业上充满希望。

(二)统筹规划,分步实施

图书馆工作是一个系统工程,必须充分考虑到以人为本理念的基础地位,有计划地规划人力、物力、财力,以达到最有效利用,并对此做出决策。协调管理主体、管理对象、管理中介的关系,有机结合管理的各环节,更好地服务读者。协调好馆内正式组织与非正式组织的人际关系,营造良好的组织环境。实行全员管理聘用制,制定合适的选拔、培养、任用、调配、激励等策略,增强馆员的责任感。

(三)加强学习,提高素质

在复合型人才紧缺的情况下,图书馆馆员应该树立正确的终生学习观,通过多形式、多渠道、多途径学习新知识、新技能,不断完善自己和超越自我,提高自身素养,从而提高整体素质。

(四)读者参与,民主管理

图书馆馆员是图书馆事业发展的主体,图书馆馆员要把图书馆规章制度作为行动准绳,实行服务手段、服务行为、服务方式的规范化管理,多服务、少障碍,提高他们利用图书馆的主动性和主体意识,在读者求知、馆员供需、读者反馈、馆员再创造的循环中处理好馆员与读者的平等、和谐、民主关系,共同维护图书馆管理秩序。

图书馆能否产生并保持良好的社会声誉及效益,得到可持续发展,关键在于以人为本管理模式的构建,特别是要开展好服务工作和造就一批具有活力的图书馆馆员。图书馆馆员的技术开发能力、创造能力、服务能力构成图书馆最大的隐形资产,形成图书馆可持续发展的巨大而持久的推动力。面对迅猛兴起的网络新环境,图书馆要实施以人为本管理,放下包袱,轻装上阵,充分发挥自身优势,在竞争中抢占制高点,只有这样,才能争得自己的一席之地。

第二节 开发图书馆网络信息服务新方法

随着现代科学技术的不断发展,互联网5G通信技术、云计算服务以及各种社交网络平台等新技术和服务的不断涌现和广泛应用,不论是数据的种类还是数据的规模,都得到了急剧的增长。图书馆对资源提示的广度和深度直接影响图书馆的利用率,图书馆服务读者的策略直接影响到读者的入馆率。因此,建立精准的资源揭示和科学合理的服务整合策略,是当前大数据环境下图书馆信息资源建设亟待解决的问题。

一、注重网络信息服务

高校图书馆网站是图书馆对外宣传的窗口,它本身就是一座网上图书馆,不仅拥有丰富的数字资源,还可以为读者提供越来越便捷和越来越深层次的信息服务,它在高校教学与研究工作中发挥着越来越重要的作用。

高校图书馆的主要功能就是服务,其拥有的资源优势、服务水平本身就是对读者最好的服务。高校图书馆网站本身又是一座网上图书馆,其主要目的就是为读者服务的,因此高校图书馆建设也必须以读者为本,从读者的需求和接受心理出发,既要体现图书馆的特性与功能,又要充分发挥网络的特性与功能。网络信息服务必须体现以下几个方面。

(一)让读者满意的服务才是有效的服务

高校图书馆网站栏目设置、内容与表达方法的选择、主次的分配和页面的设计都要以读者需求为依据,以读者愿望为准绳。认真分析和调查研究读者需求和利用情况,把图书馆主页栏目分成以下几类:介绍性的、读者利用率较低的、不用更新的栏目,如图书馆简介、库室简介等,这类栏目可以放在边缘地带;读者利用率比较高又不用经常更新的栏目,如导读台、书刊荐购等,这类栏目可以放在比较醒目的位置,方便读者查找;需要经常更新,读者使用率高的栏目,如时事动态、最新消息等,就应该放置在主页的中心位置。

(二)网络资源的导航

高校图书馆网站一定要拥有超大容量的数字资源,并且一定要重视网络资源的组织和导航链接。数字资源的利用是图书馆网站的基本功能,与其相关的栏目就应该放在主页的醒目位置。图书馆"藏"的目的在于"用",数字资源的利用价值是潜在的,需要发掘出来并提供给读者利用。所以,图书馆主页一定要设计得方便、简单、实用,能够引导读者快速找到各种数据库的登录口,因为便于读者使用是图书馆的最高原则。例如:闽南师范大学图书馆的主页设计就很合理。背景是整个图书馆的主建筑,上方标题就是概况、资源、服务、阅读、下载等主菜单,每个主菜单里面都包括不同的下级内容和链接。中间最醒目的位置是图书馆全称并设下拉菜单,下分电子资源和纸质资源。下方以图标设计成各种特色数据库,使用起来便捷、快速,又能充分揭示馆藏资源和特色服务。

(三)高校图书馆最突出的价值就在于文献信息价值

具有最大化的信息容量和快速传播能力的网站才是便于读者利用的平台。因此,图书馆一定要拥有快速更新能力,这不仅是高校图书馆的优势,也是数字网络本身的要求。高校图书馆作为服务于教学和科研的学术性机构,不仅本身要做学术研究,还要提供比较专业的个性化知识服务,因此,网站主页也可以适当提供学术信息的栏目,如各院系最新的教学、科研信息情况,专业会议信息等。高校图书馆网站必须具备反映最新教学、科研动态的能力和水平,还要有筛选、组织有学习价值和研究价值、行业发展信息、新闻动态的能力,并及时更新主页内容,为读者提供全方位、多层次的知识服务。

(四)目前网络交流已普及并日渐变为时尚

大学里同学之间交流都用QQ、微信、BBS、博客等交流工具。因此,高校图书馆必须应用先进的技术和功能,及时不断提高网站的建设和服务水平,把网站建设成为进行学术交流的平台。如可以在网站开设"学术论坛""学术博客",由专业学科馆员负责每天的更新和管理服务。读者在任何页面都能看到最新留言,便于交流和信息反馈。

(五)高校图书馆要为读者提供多种咨询途径

高校图书馆为读者提供咨询服务,便于读者在利用图书馆资源和接受服务的过程中,不管遇到何种问题都能及时得到咨询馆员提供的帮助。这一点,目前大多数高校图书馆都已达成共识并成立了类似的咨询管理机构。所以,网上虚拟咨询特别是在线实时咨询因为有其极大的便利性,已被越来越多的高校图书馆采用,并开始为读者提供服务。

二、探索网络信息服务新途径

高校图书馆网站是为读者服务的,是给读者阅读利用的,就应该从读者需求出发来规划和建设，无论栏目设置、内容建设、页面布局，都应该以读者阅读需求为目的，充分体现"读者第一，服务至上"的理念。

(一)当下网络上海量的信息，每时每刻冲击着阅读者的视野

如何让读者有兴趣和主动去选择和使用高校图书馆的网站？引导读者解决实际问题和帮助读者获得有用信息就是一种手段。目前，大学图书馆所提供的信息服务种类虽多但容量小，信息内容比较广泛又缺乏深度，限制了数据库的发展。大数据环境下的高校图书馆信息服务受到限制，主要因素是较差的资源利用率和较低的共享性，无法达到统一的标准。信息资源无法实现充分的利用，较低的资源共享率使图书馆的发展受到影响。

高校图书馆网站读者访问量最多的栏目就是"常用数据库"，然后是"借阅服务"，其余的栏目访问量少之又少。可见，读者访问网站具有非常明确的目的性。所以，高校图书馆网站必须具备让读者需求从任何网站都无法获取的唯一性，才能让读者每次访问都有所收获。从读者阅读心理出发，来培养和强化读者访问和阅读的兴趣，必须做到以下几点：第一、能满足读者各方面的文献信息需求。高校图书馆网站拥有海量学术类、事实类数据库，馆藏文献来源可靠、质量高并能免费阅读全文，这一点足以满足读者学术方面的需要。但是，数据库的发展水平较低，图书馆网站的内容视野不够开阔，功能也小，应该加强时事、学科前沿动态等方面的信息报道，还要补充有关生活、休闲等多方面的文献资源，来满足读者非学术性方面的需要。第二，高校图书馆网站还应为读者提供高水平的虚拟参考咨询服务，并能为读者提供高质量的知识服务。第三，高校图书馆网站要有使用的便捷性和适时性。在主页设计上要突出读者常用栏目的位置，使读者一打开主页，就能马上找到自己所需的栏目和内容，并能及时得到咨询反馈和回复，适时地获得图书馆的参考咨询服务。

(二)大学图书馆网站的每个网页，都是利用有序的文字、符号和图形来加载信息、传达意义

面向普通读者的栏目、文章就要采用大众化的语言来表达，让使用者方便利用；面向专业读者的栏目和文章就要采用专业读者所熟知的专业术语来表达，能够起到事半功倍的效果。

(三)阅读的过程是一个选择信息的过程

读者在进入阅读状态下，会专注于自己阅读的对象，相反，对那些无关或无兴趣的信息会少于关注。因为信息海量化，读者阅读时主要是采用快读和跳跃式阅读，这就说明，读者访问图书馆网站的阅读选择是凭直觉来完成的，短时间就能锁定所急需和感兴趣的栏目或文献。一方面，图书馆网站的每个栏目设计都应该简洁易懂，一目了然就能理解其包括的内容。另一方面，要简化栏目数量，突出和强化常用主题，淡化利用率低的栏目，尊重读者，以人性化的服务面对读者。还可以通过技术手段对标题文字进行色彩、特效等处理，来突出标题，激起读者阅读兴趣。还要充分考虑读者屏幕阅读的特点，内容要简洁，少用专业用语，多

点生动活泼的表达,多使用图表、图像等比较直观的表达方式,配合语音解说,减少读者解读和理解的时间。

(四)高校图书馆充分发挥网络快速更新的优势和图书馆的学术优势

首先,图书馆网站应该关注世界变化、社会发展、专业技术等所有发展动态,及时做出内容丰富、系统、有序的信息整合工作,让读者获得全面可靠的信息。其次,要处理好主题与相关文献的链接关系,遵循适度、集中的原则,来拓展读者的阅读视野,避免离散化的阅读。再次,要充分发掘馆藏文献的利用价值,通过图书馆网站加以报道和推介。高校图书馆应该充分发挥网络的优势,让读者每一次访问都有新感觉、新收获,吸引读者再次利用图书馆,达到阅读推广的目的。

(五)读者访问图书馆网站,与网页形成互动关系

一方面,因为网站信息的丰富性,特别是那些文艺、娱乐性的内容,使网络阅读带有欣赏、休闲性质,审美就成了读者阅读动机的一部分。另一方面,由于网页能提供读者不知道而又感兴趣的信息,使读者在阅读过程中会获得种种不同的体验。高校图书馆网站大多栏目雷同、设计呆板,应该在版式设计、风格内容上赋予独特的个性,让每个网页都有最合适的位置,都含有丰富的情感意味。图书馆网站要强化与读者的互动,让读者通过网络在线咨询求助的同时,还可以通过阅读网页文本进行情感互动交流,也可以发挥汉语的审美特性,用优美的音乐、悦耳的语音表达,使文献更具可读性,让读者阅读时能产生审美愉悦感,成功吸引读者长期利用图书馆资源,培养读者终身学习的理念。

(六)建构移动阅读新模式

目前,随着移动互联网技术的迅速发展,移动用户数量也在与日俱增。高校图书馆为了顺应时代的需求,文献信息服务也发展到可以利用手机进行业务办理、信息获取、图书阅览等多种信息服务为一体的移动资源服务模式。移动阅读服务作为传统服务的延伸,需要更注重读者的使用体验和更了解读者的阅读需求。图书馆提供的移动阅读服务,不仅仅依赖于功能和技术的发展,更需要做好的是阅读资源和服务模式的不断完善,并且还要以读者的需求为完善服务的根本依据。高校图书馆应做好读者需求调查,加强与读者的反馈互动,同时更要做好宣传工作,针对不同群体读者,提供个性化导读服务,加强资源建设和管理。资源建设是图书馆能够长期提供移动阅读服务的根本保证,高校图书馆应当抓住移动化的服务模式,开发出更多适合移动阅读的信息资源,将图书馆的信息服务转移到手机等各种移动终端上来,供读者在线查询、浏览甚至可以下载阅读,为读者提供移动化的浏览服务和一站式的信息检索和信息回复服务,使馆藏资源和学科馆员的服务得到最有效的利用。

高校图书馆应能将高质量的信息及时提供给读者,帮助其解决问题。在大数据环境下,图书馆研究对象虚拟化,互联网数据和信息成为科学研究的主要组成对象。同时,还要求图书馆研究人员必须拥有更强的数字化交互式信息管理能力,能够对海量虚拟化的数据和信

息进行有效分析与管理。此外,以互联网为基础的数字信息资源改变了图书馆研究人员的研究行为,数据的获取不是问题的关键,而关键在于数据背后的深度知识挖掘以及专深化的问题研究。

第三节 高校图书馆管理与服务能力提升

"服务也需要管理"的理念是企业良好发展的重要理念,应用于高校图书馆管理和服务创新也是适用的。

一、要持续完善服务规范和标准

如果把服务人员的职业素质、对客户体验的理解程度视为服务软件,那么服务规范和标准就是服务的硬件。如同庆丰包子铺为了保障包子质量,馅料要统一配送一样,电信营业厅从装潢到功能区设置、柜台高低、销售人员多少也都有明确标准和规范。尽管这些都是服务的硬件部分,但其对消费者的体验和感知起着重要的作用。服务是永恒的话题,没有终极标准,企业必须根据市场的变化持续完善自己的服务规范和标准,只有这样,才能使企业的服务永远不落伍。高校图书馆也要学习企业的管理理念,要持续完善服务规范和标准,为教师、在校生提供优质的管理和服务。

二、不断提升职业素质,超越规范和标准的限制,真正做到用心服务

伴随IT技术的不断进步、互联网企业的飞速发展,图书馆的服务遇到了新的挑战,需要不断适应形势变化的新需求,以更开放、创新的管理方法不断提升服务的软实力。高校图书馆在管理和服务过程中,要不断提升图书馆管理和服务人员的整体素质,真正做到用心服务,超越图书馆规范和标准的限制,做到自己的最好水平。

三、自觉扩大服务外延,重视延伸服务并力求落在实处

这里需要指出的是,企业要关注员工的自觉行动,不仅要对员工的超值服务行为进行表扬,也要通过管理手段激励员工和相关部门固化这些延伸服务,由此既可以让客户获得意想不到的良好体验,也能将企业的发展提前。否则,就不可能称其为延伸服务,而是标准服务了。

总之,服务对企业来说至关重要,从一定意义上说,甚至难以界定其到底是软实力还是硬实力,没有高品质的服务就没有企业的快速发展。所以,企业管理者不仅要关注服务,还要管理服务。缺失管理的服务一定不是高水准的服务。当然,这也同样适用于图书馆服务与管理行业。图书馆在自身的发展过程中,要自觉扩大服务外延,重视延伸服务,并且要将服务落到实处,做到让读者满意的服务。

参考文献

[1]曹静.高校智慧图书馆建设与应用研究[M].北京:中国商务出版社,2019.05.

[2]曹瑞琴.高校图书馆学科服务与智慧化建设[M].长春:吉林出版集团股份有限公司,2020.03.

[3]温兰.高校智慧图书馆建设研究[M].长春:吉林科学技术出版社,2019.10.

[4]杨鹃.高校智慧图书馆建设与应用研究[M].咸阳:西北农林科技大学出版社,2020.07.

[5]高红霞."互联网+"时代高校图书馆智慧化建设研究[M].沈阳:辽海出版社,2019.01.

[6]吴爱芝.大数据时代高校图书馆智慧化学科服务研究[M].北京:海洋出版社,2018.03.

[7]谢薛芬.浅谈高校图书馆工作[M].杭州:浙江工商大学出版社,2018.06.

[8]张丰智,李建章."双一流"建设背景下高校图书馆建设与服务[M].北京:北京邮电大学出版社,2019.07.

[9]孟银涛.泛在环境下高校智慧图书馆研究[M].北京:中国农业大学出版社,2018.09.

[10]程显静.图书馆建设与发展研究[M].北京:华龄出版社,2018.12.

[11]周娜,戴萍.高校智慧图书馆知识服务研究[M].北京:中国国际广播出版社,2020.04.

[12]杨永华.智慧时代高校图书馆服务创新与发展研究[M].北京:原子能出版社,2020.03.

[13]刘时容.且为繁华寄书香高校图书馆阅读推广理论与实务[M].北京:新华出版社,2018.05.

[14]严潮斌,李泰峰.高校图书馆资源与服务体系建设研究[M].北京:北京邮电大学出版社,2015.09.

[15]刘晓辉.现代图书馆图像数据资源建设概论[M].北京:中国戏剧出版社,2018.06.

[16]张白影,聂道良.图书馆工作论丛第6辑[M].北京:北京理工大学出版社,2017.12.

[17]霍灿如.图书馆工作四十四年[M].哈尔滨:黑龙江大学出版社,2017.04.

[18]陈进.高校图书馆服务创新案例精编[M].北京:海洋出版社,2015.06.

[19]杨灿明.高校智慧图书馆服务创新研究[M].长春:吉林科学技术出版社,2020.11.

[20]胡雅凌.大数据挖掘下的图书馆智慧服务[M].北京:北京工业大学出版社,2018.03.

[21]陈群作.互联网+图书馆智慧服务研究[M].长春:吉林出版集团股份有限公司,2022.06.

[22]刘路.智慧图书馆大数据与服务创新研究[M].哈尔滨:哈尔滨出版社,2020.08.

[23]李艳红.智慧图书馆优化服务策略研究[M].长春:吉林文史出版社,2019.07.

[24]刘旭晖.高校图书馆智慧化学科服务研究与应用[M].北京:中国原子能出版社,2020.05.

[25]万群华,胡银仿.图书馆创新服务与可持续发展[M].武汉:湖北科学技术出版社,2010.08.

[26]林培发.数字资源整合与图书馆服务[M].北京:国防工业出版社,2015.08.

[27]王军光,马芳,冯宏宇.大数据下图书馆信息服务模式研究[M].长春:吉林文史出版社,2017.07.

[28]陈进,邓景康,景祥祜.图书馆RFID技术及应用[M].上海:上海交通大学出版社,2013.01.

[29]马家伟,杨晓莉,姜洋.图书馆与图书管学概论[M].长春:吉林科学技术出版社,2016.03.